新编科技汉语

中级阅读教程

安 然　单韵鸣　主编

上海外语教育出版社

外教社　SHANGHAI FOREIGN LANGUAGE EDUCATION PRESS

图书在版编目(CIP)数据

新编科技汉语·中级阅读教程 / 安然,单韵鸣主编. —上海:上海外语教育
出版社,2021
ISBN 978-7-5446-6678-7

Ⅰ.①新… Ⅱ.①安… ②单… Ⅲ.①科学技术—汉语—阅读教学—对外汉语
教学—教材 Ⅳ.①H195.4

中国版本图书馆CIP数据核字(2021)第027216号

出版发行: **上海外语教育出版社**
         (上海外国语大学内) 邮编: 200083
电　　话: 021-65425300 (总机)
电子邮箱: bookinfo@sflep.com.cn
网　　址: http://www.sflep.com
责任编辑: 李振荣

印　　刷: 上海信老印刷厂
开　　本: 787×1092　1/16　印张 12.25　字数 256千字
版　　次: 2021 年 5 月第 1 版　2021 年 5 月第 1 次印刷

书　　号: ISBN 978-7-5446-6678-7
定　　价: 39.00 元

本版图书如有印装质量问题,可向本社调换
质量服务热线: 4008-213-263　电子邮箱: editorial@sflep.com

目录

CONTENTS

　　《科技汉语》阅读系列教程是21世纪以来对外汉语教学领域首套针对理工科留学生的专用科技汉语系列教材。教程分中级和高级两本。第一版的《科技汉语——中级阅读教程》和《科技汉语——高级阅读教程》由华南理工大学国际教育学院教师集体编写，先后于2006年、2008年由北京大学出版社出版发行，在国内有较高知名度，已经过多次重印。由于科技日新月异的变化，在教学过程中，编者发现原来部分课文内容已过时。承蒙上海外语教育出版社的大力支持，华南理工大学作为牵头单位，联合哈尔滨工业大学、天津大学、同济大学、重庆大学等高校的教师共同修订形成《新编科技汉语》系列教材，以期做到教学内容与时俱进，教学效果更能满足学生的学习需求。

　　本教材《新编科技汉语——中级阅读教程》(以下简称《中级》)的教学对象仍为理工科院校在读本科或研究生一年级，并把汉语作为外语学习的留学生，兼顾修读普通汉语课程并预备进入理工类专业学习的留学生。一般来说，适合在全日制学校学习，汉语水平达到三级或以上的学生使用。

　　教材的教学目标是使学生通过半年科技汉语的阅读训练，清除理工科专业学习中由于专业术语或句子结构而引起的阅读理解障碍。学生在完成本教材的学习以后，阅读速度也应有所提高，可以根据科技术语中的一些常用构词法迅速对词义作出反应，抓住核心句子，快速理解课文大意。

　　通过对多位一线教师的调研，新编《中级》从原来的18课缩减为15课，删除了过难、内容过时的课文，增补了当代较热门的科技内容。每课主题鲜明，注重时代感，分生化、材料、数学、物理、计算机智能五个不同主题，成三大循环，每个循环自然衔接，难度随之递增，符合语言学习规律。每课基本结构与第一版一致。

　　教材练习形式多样、不拘一格，除了常规阅读理解和词语练习题以外，为提高学生解决问题的能力，适当增加了应用类题目。

　　为了控制文本的难度，所修订的课文借助中山大学研制的汉语文本指南针(languagedata.net/editor/)来控制超纲词的数量和句子的长度，使大部分修订课文文本难度在4级左右。

本教材建议每周学习两到三学时，每课两到三学时学完。重点课文的处理可细致些，快速阅读的课文宜限时完成，阅读新知部分有选择性，可供教师课上介绍或学生课后兴趣阅读。

　　本教材由华南理工大学安然、单韵鸣担任主编，负责全书总体设计、统筹、统稿、审核等工作。具体修订编写工作（按音序排）由程好（同济大学）、李晶（天津大学）、龙藜（重庆大学）、裴莹（哈尔滨工业大学）、单韵鸣（华南理工大学）、徐小雄（哈尔滨工业大学）、赵卫（天津大学）负责完成。

　　教材在撰写过程中参阅了大量相关主题的教材、书报和网上资料，在此对相关作者表示感谢。

　　最后再次感谢上海外语教育出版社对新编教材出版的全力支持，感谢杨莹雪编辑和李振荣编辑的直接帮助。鉴于编写团队水平有限，本书难免有疏漏之处，敬请同行和读者批评指正。

编　者

1 第一课 大气层的形成

 **课文**

我们生活在大气层里,大气层里的气体是生命必需的物质。大气层跟生物一样,也经过了长时间的进化,最后才形成现在的大气层。

大约45亿年前,地球上的火山活动产生了水蒸气、二氧化碳(CO_2)、二氧化硫(SO_2)、氮气(N_2)和其他气体,这是最早的大气层。水蒸气在阳光的作用下,一部分分解成氢(H_2)和氧(O_2)。这样,大气层里气体的主要成分就变成水蒸气、氮、二氧化碳和氧。有了氧气,为生命的产生创造了条件。

距今约19亿年前,海边和海里开始有绿色植物;5亿年前,陆地上出现动物。植物利用二氧化碳进行光合作用,释放出氧气。动物吸入氧气,呼出二氧化碳。植物和动物的出现和大量繁殖,改变了原始大气层的成分,最后逐渐稳定下来,形成了现在的比例:氮气约占78%,氧气约占21%,氩气(Ar)约占0.09%,其他气体一共不到1%。

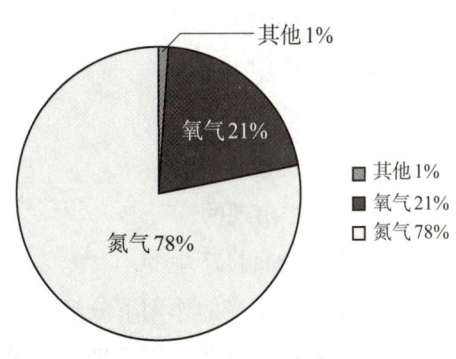

可以说,动植物对大气层的形成起了关键的作用,因此,保护自然界动植物对于维护我们赖以生存的大气层是至关重要的。

(改编自《大气层的进化》,选自《牛津图解中学科学》)

生词

1. 大气层	(名)	dàqìcéng	aerosphere
2. 形成	(动)	xíngchéng	to come into being
3. 物质	(名)	wùzhì	substance
4. 水蒸气	(名)	shuǐzhēngqì	vapor

5. 分解	（动）	fēnjiě	to decompose
6. 繁殖	（名）	fánzhí	reproduction
7. 成分	（名）	chéngfèn	component
8. 稳定	（形）	wěndìng	stable; steady
9. 比例	（名）	bǐlì	proportion
10. 光合作用		guānghé-zuòyòng	photosynthesis
11. 自然界	（名）	zìránjiè	nature
12. 赖以生存		làiyǐ shēngcún	important for living

阅读理解

一、根据课文内容选择正确答案

1. 地球上最早的大气层产生的原因是：　　　　　　　　　　　　　　（　　）

    A 绿色植物的出现

    B 阳光的作用

    C 地球上的火山活动

    D 动物的出现

2. 氧气是怎样出现的?　　　　　　　　　　　　　　　　　　　　　（　　）

    A 火山活动直接产生的

    B 水蒸气在阳光的作用下分解成的

    C 植物利用二氧化碳进行光合作用,释放出氧气

    D 植物和动物的出现和大量繁殖

3. 在现在大气层的成分中,比例由大到小依次是：　　　　　　　　（　　）

    A 水蒸气、二氧化碳、二氧化硫、氮气和其他气体

    B 水蒸气、氮、二氧化碳和氧气

    C 氧气、二氧化碳、二氧化硫

    D 氮气、氧气、氩气和其他气体

二、根据课文内容填空

1. 大气层＿＿＿＿＿＿生物＿＿＿＿＿＿,也经过了长时间的进化,最后才＿＿＿＿＿＿现在的大气层。

2. 水蒸气＿＿＿＿＿＿阳光的作用＿＿＿＿＿＿,一部分分解成氢和氧。

3. ＿＿＿＿＿＿,动植物对大气层的形成起了关键的作用,＿＿＿＿＿＿,保护自然界动植物

_____维护我们赖以生存的大气层是至关重要的。

三、根据课文内容连线

距今约19亿年前　　　　　　陆地上出现动物

大约45亿年前　　　　　　　海边和海里开始有绿色植物

5亿年前　　　　　　　　　　地球上的火山活动产生了水蒸气、二氧化碳、
　　　　　　　　　　　　　　二氧化硫、氮气和其他气体

词语注释

1. 形成

经过发展然后变成或者构成。

（1）经过多年的种植，火车线路旁形成了一片绿色的树林带。

（2）从20世纪90年代开始，这里的商家逐渐增多，形成了现在的商业区。

2. 在……下，……

"在……下，……"中多为名词短语，表示一定的条件或原因。整句的意思是，因为这个名词短语的影响而产生后面的情况。

（1）在地球引力的作用下，人才能在大地上行走。

（2）在同学的帮助下，我的学习进步得很快。

3. 对于

引进对象或事物的关系者。

（1）大气层对于人类生存很重要。

（2）对于这个问题，我会想办法解决的。

词语比较

1. "利用"和"使用"

两者都有"用"的意思。"利用"的对象多是没有被使用或没有被充分使用的具体东西，"使用"的对象范围很广，多指一般性的"用"。

（1）很多地方利用水力发电。

（2）我利用假期学习英语。

（3）他利用旧纸盒做了个儿童玩具。

（4）他使用旧纸盒装东西。

 词语练习

一、选择适当的词语填空

A 利用；B 使用

1. 现在大多数人会（　　）计算机。

2. 充分（　　）废旧物品是保护地球的方法之一。

3. 小王能（　　）三种语言会话。

4. 这个假期要好好（　　）。

二、用括号里的词语改写句子

1. 英语没有声调，法语也没有声调。（跟……一样）

_____

2. 我喜欢看历史书，小王也喜欢看历史书。（跟……一样）

_____

3. 动物呼吸，植物也呼吸。（跟……一样）

_____

4. 我一点也不懂飞机制造。（对于）

_____

5. 很多人觉得学汉语比较难。（对于）

_____

6. 我多次追问他才告诉我真相。（在……下）

_____

7. 因为植物的参与形成了现在的大气。（在……下）

_____

快速阅读

阅读 1

海洋微生物也可进行光合作用

众所周知，陆地植物利用叶绿素进行光合作用，可以将光能（guāngnéng light energy）转化为自己的能量。科学家最近发现，除了植物之外，一些海洋微生物也能进行光合作用。美国微生物学家艾得·德隆说，这是一种转化太阳能量的新方法，过去人们从没想到海洋微生物会存在光合作用，可现在的研究发现有10%左右的海洋微生物都用这种转化能量的方法来制造养分，这也是生物适应环境的生存方式。

研究发现，一些海洋微生物体内含有视紫质（shìzǐzhì rhodopsin）。视紫质通常在人体的视觉细胞（shìjuéxìbāo vision cell）中，是一种感光体，接收外界光线以后通过复杂的生化反应将光能转化为神经信号，而海洋微生物中的视紫质则将光线转化为推动新陈代谢的能量，整个过程就是海洋微生物体的光合作用。研究人员说，这一发现解答了过去一直存在的疑问，为什么海洋中众多微生物在没有食物的情况下能够生存下去，而且还提示人们将来可以利用海洋微生物光合作用产生能量的原理，制造生物太阳能电池（diànchí battery）。

（改编自《科技之光》）

生词

1. 微生物	（名）	wēishēngwù	bacterium; microbe
2. 叶绿素	（名）	yèlǜsù	chlorophyll
3. 能量	（名）	néngliàng	energy
4. 养分	（名）	yǎngfèn	nutrient
5. 感光体	（名）	gǎnguāngtǐ	sensitization material
6. 生化反应		shēnghuà fǎnyìng	biochemistry reaction
7. 神经信号		shénjīng xìnhào	nervous signal
8. 新陈代谢		xīnchén-dàixiè	metabolism
9. 原理	（名）	yuánlǐ	maxim; principle; tenet

专名

艾得·德隆	Àidé Délóng	An American microbiologist

阅读理解

一、判断正误

1. （　　）科学家最近发现，植物和所有海洋微生物都能进行光合作用。

2. （　　）海洋微生物通过光合作用来制造养分，实际上是适应环境的一个表现。

3. （　　）只有在一些海洋微生物体内才含有视紫质。

4. （　　）海洋微生物中的视紫质能将光能转化为神经信号。

5. （　　）海洋中众多微生物在没有食物的情况下不能够生存。

二、回答问题

1. 海洋微生物体的光合作用是怎样发生的?

_____

_____

_____

2. 利用海洋微生物的光合作用,我们可以做什么?

_____

_____

_____

◀‖‖ 词 语 练 习 ▷

猜测下面词语的意思

能——光能　　动能　　电能　　热能　　风能

_____

体——感光体　　球体　　立方体　　导体

_____

信号——神经信号　　电信号　　信号灯

_____

反应——生化反应　　化学反应

_____

‖ 阅 读 2

温室效应真的那么可怕吗?

　　地球的大气层和云层阻止地球表面的热量向外散发,使地球表面平均气温上升,叫作温室效应。

　　人们一说温室效应就想起灾难。其实温室效应并不可怕,相反它是地球上众多生命的保护神,是生命赖以生存的必要条件。如果没有温室效应,地球就像一面镜子(jìngzi mirror),直接反射太阳辐射,使太阳的热量很快地穿过大气层回到宇宙中去,那么地球气温将下降33℃,地球将是一个寒冷荒凉的世界。正是有了温室效应,才使地球保持了相对稳定的气温,使生命得以生存和繁衍下去。

　　近年来人口激增、人类活动频繁,燃料(ránliào fuel)用量猛增,再加上树林破坏严重,使大气中二氧化碳和各种气体微粒含量不断增加,加剧了温室效应,导致全球变暖,给气候、生态环境及人类健康等带来许多不良影响,才让人们对温室效应产生了恐惧。

（改编自《三思科学》电子杂志）

生 词

1. 温室效应		wēnshì xiàoyìng	green house effects
2. 阻止	（动）	zǔzhǐ	to stop; to hinder; to hold back; to prevent
3. 反射	（动）	fǎnshè	to reflect
4. 辐射	（名）	fúshè	radiation
5. 宇宙	（名）	yǔzhòu	universe
6. 频繁	（副）	pínfán	frequently; repeatedly
7. 加剧	（动）	jiājù	to exacerbate; to embitter; to accelerate
8. 生态环境		shēngtài huánjìng	ecological environment
9. 不良	（形）	bùliáng	harmful

阅 读 理 解

回答问题

1. 什么是"温室效应"?

_____

_____

_____

2. "温室效应"的作用是什么?

_____

_____

_____

3. 人们为什么对"温室效应"产生了恐惧?

_____

_____

_____

词语练习

一、写出近义词

频繁——_____ 　　　　　　导致——_____

联系——_____ 　　　　　　荒凉——_____

可怕——_____ 　　　　　　散发——_____

二、查词典找"射"的意思，并写出几个含"射"的词

如：辐射、反射

阅读3

比冰更冷的"冰"

二氧化碳加压后变成固体，跟冰非常相像，不同的是，固体状态的二氧化碳温度比冰低得多（$-78.5\,°C$）。在常温下融化时，能直接变为二氧化碳气体，而周围仍旧干干的，不像冰融化后会留下水迹，所以固体的二氧化碳又叫"干冰"。干冰可作致冷剂，用来冷藏鱼、肉之类的食品。这样食品可以存放更长时间，又不会潮湿，非常环保方便。

干冰还是人工造雨的能手。用飞机把干冰撒播到云中，干冰蒸发时吸收大量的热量，使空气里的水蒸气迅速冷凝，积聚成水滴降落下来。

生 词

1. 加压	（动）	jiāyā	to add pressure
2. 固体	（名）	gùtǐ	solid
3. 融化	（动）	rónghuà	to dissolve
4. 致冷剂	（名）	zhìlěngjì	cryogen
5. 环保	（形）	huánbǎo	environment-friendly
6. 蒸发	（动）	zhēngfā	to evaporate

阅读理解

回答问题

1. 为什么固体二氧化碳又叫"干冰"？

---

2. "干冰"有哪些用途？请说说你知道的"干冰"的用途。

阅读 新 知

「气体的汉语表示」

在汉语中气体多用形声字表示。"气"字旁是形旁，表示是一种气体，再用声旁来表示大致的发音。如：

氧，表示氧气（O_2），读音近似于"羊"，声调为三声。

氮，表示氮气（N_2），发音跟"谈"差不多，声调为四声。

请你试着读一读下面气体的名字，然后到词典中找一下看看它们都是什么气体：氢气，氖气，氟气，氦气，氩气。

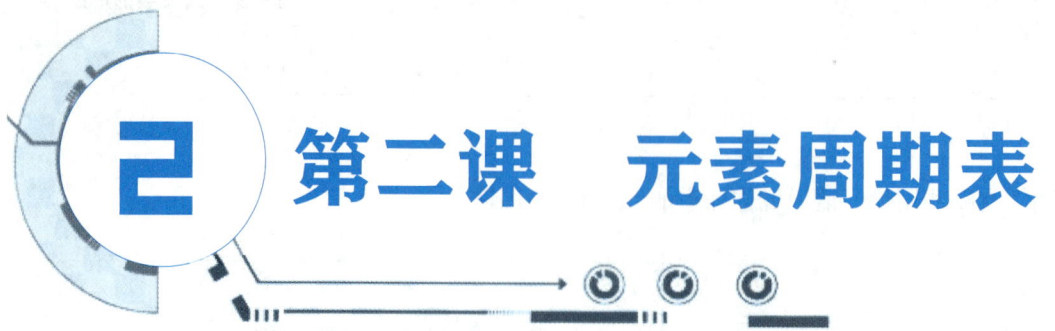

2 第二课　元素周期表

 课　文

　　自从俄国著名化学家（huàxuéjiā chemist）门捷列夫发现元素周期表后，人们对地球上大概有多少化学元素有了比较清楚的了解。现在人们都知道，世界是由物质组成的，而各种各样的物质是由100多种化学元素构成的。

　　元素周期表上一共排列着118种化学元素，每种元素排列的位置（wèizhì position; seat）反映其化学性质。水平（shuǐpíng horizontal）排列的一行元素称为周期，在一个周期中的元素化学性质不同。一般来说，从左到右元素性质表现为从金属性向非金属性过渡的趋势。垂直（chuízhí vertical）排列的一列元素称为族，同一族包含的元素化学性质相似。

　　在元素周期表的左方是典型的金属元素，如钠（Na）、钾（K）、镁（Mg）、钙（Ca）等；在元素周期表的右方是典型的非金属元素，如氟（F）、氯（Cl）、氧（O）、硫（S）等；在元素周期表中部的过渡金属元素中，有我们熟悉的铁（Fe）、铜（Cu）、锌（Zn）、金（Au）、银（Ag）等；在元素周期表中部偏右处是一些常常用于信息技术中的、具有半导体功能的元素，如硅（Si）、锗（Ge）、砷（As）等；在元素周期表的下方是放射性元素，其中有一些是人工制造的。

　　目前科学家正在用人工合成的方法寻找新的化学元素，据推测，化学元素可能多达175种。

（元素周期表图例）

◢◣ 生 词 ▷

1. 排列	（动）	páiliè	to arrange; to put in order
2. 其	（代）	qí	it
3. 性质	（名）	xìngzhì	property; character
4. 周期	（名）	zhōuqī	period; cycle

5. 金属性	（名）	jīnshǔxìng	metal attribute
6. 过渡	（动）	guòdù	transit
7. 趋势	（名）	qūshì	trend direction; tendency
8. 族	（名）	zú	species; tribe
9. 典型	（形）	diǎnxíng	typical
10. 信息技术		xìnxī jìshù	information technology
11. 半导体	（名）	bàndǎotǐ	semiconductor
12. 放射性	（名）	fàngshèxìng	radioactivity
13. 人工合成		réngōng héchéng	synthetic
14. 推测	（动）	tuīcè	to infer; to suppose
15. 元素周期表		yuánsù zhōuqībiǎo	periodic table of elements

⫼ 专 名 ⟩

| 1. 门捷列夫 | Ménjiélièfū | A Russian chemist |

⫼ 阅 读 理 解 ⟩

一、判断正误

1.（ ）元素周期表是俄国著名化学家门捷列夫发现的。

2.（ ）元素周期表上水平排列的一行元素称为族,垂直排列的一列元素称为周期。

3.（ ）在一个周期中的元素化学性质不同。一般来说,从左到右元素性质表现为从非金属性向金属性过渡的趋势。

4.（ ）同一族包含的元素化学性质相似。

5.（ ）氧和硫等是典型的非金属元素,在元素周期表的右方。

6.（ ）一些常常用于信息技术中的、具有半导体功能的元素,在元素周期表的中部。

7.（ ）元素周期表里的元素都可以从大自然中找到。

二、根据课文内容填空

1. 现在人们都知道,世界是_____物质组成的,而各种各样的物质是由_____多种化学元素_____的。

2. 在元素周期表的下方是_____元素,其中有一些是_____制造的。

3. _____科学家正在用人工合成的方法寻找新的化学元素，_____推测，化学元素可能多_____175种。

三、看元素周期表，找出跟"汞（Hg）"同属一个周期的三种元素，找出跟"碘（I）"具有相似化学性质的两种元素。

_____

词语注释

1. 自从

引入时间，表示从那一个时间开始。

（1）自从上中学开始，我就每天跑步。

（2）自从有了互联网，世界就变小了。

2. 称为

用于给出一个固定的名称。

（1）书的第一页称为封面。

（2）计算机也称为电脑。

3. 简单化学分子式的读法

在汉语中，含有不止一个元素的分子式从后向前读；包含两个元素的，在元素之间加"化"。

CO_2 读作：二氧化碳

SO_2 读作：二氧化硫

单独元素的气体不用读数字，只读元素名字并在最后加"气"。

O_2 读作：氧气

N_2 读作：氮气

词语比较

1. "具有"和"有"

与"有"相比较，"具有"多用于抽象（abstract）的事物。多用于书面语。

（1）哈尔滨的建筑具有东欧特点。

（2）他的小说对年轻人具有很大的吸引力。

（3）我有很多本小说。

（4）中国有十三亿人口。

2. "组成"和"构成"

"组成"和"构成"都有由不同的部分或个体组合成一个整体的意思。"组成"可用于事物或人的组合,部分或个体与整体多为平面的组合关系,如:

（1）我们班是由来自不同国家的同学组成的。

（2）从一点画出两条线就组成一个角。

"构成"只用于指事物的组成,由人组成的集体不能用构成;强调各部分联系较密切,各部分与整体的组合关系多为立体的。如下面的例句:

（3）一般来说,原子构成分子,分子构成各种各样的物体。

（4）这片防风林由12行树构成。

（5）根据有关规定,马路上行人之间发生的事故,不构成道路交通事故。

3. "据"和"根据"

二者都用来引出说话做事下结论的依据。比较起来,"据"为书面语,可以跟单音节词组合,"根据"不能。

据实报道＝根据事实报道

"据"可以跟"说、报、闻、传"等直接组合,"根据"不能。

（1）据说,他们明天出发。

（2）据报,这周会有大雨。

"据"常跟"……说""……看来"等小句一起使用;用"根据"时,要把这些小句变为名词性短语。

（3）据我朋友说,北京的春天风很大。

（4）据我看来,这件事情决定以前,要再认真考虑考虑。

（5）根据教师们的意见,教学计划又修改了一次。

"据"多用于句首,"根据"则不一定。

（6）我们是根据简单明白的要求来解释词语的。

〰️ 词 语 练 习 ▷

一、用课文中出现的词语填空

1.（　　　　）报道,今年夏天是（　　　　）1950年以来的第二个热夏。

2.（　　　　）金属特点的元素被我们（　　　　）金属元素。

3. 元素周期表是（　　　　）元素的化学（　　　　）排列的。

二、选择填空

1. 我很喜欢看（　　　　）南方风情的电视剧。（有、具有）

2. 那些寺庙是清朝修建的，很（　　　　）看头。（有、具有）

3. （　　　　）上级的规定，国庆节只放假两天。（据、根据）

4. （　　　　）报道，国际足球邀请赛将于八月在黄村举行。（据、根据）

5. （　　　　）他说，当时王芳不在北京学习，而是在上海。（据、根据）

6. 文房四宝是由笔、墨、纸、砚（　　　　）的。（组成、构成）

7. 他的行为已经（　　　　）了盗窃罪。（组成、构成）

三、写出反义词

垂直——＿＿＿＿＿＿＿＿　　　　熟悉——＿＿＿＿＿＿＿＿

分解——＿＿＿＿＿＿＿＿　　　　清楚——＿＿＿＿＿＿＿＿

四、猜测词义

性——金属性　典型性　词性　线性　综合性

＿＿＿＿＿＿＿＿＿＿＿＿＿＿＿＿＿＿＿＿＿＿＿＿＿＿＿＿＿＿＿＿＿

技术——信息技术　加工技术　工业技术　技术人员

＿＿＿＿＿＿＿＿＿＿＿＿＿＿＿＿＿＿＿＿＿＿＿＿＿＿＿＿＿＿＿＿＿

五、读下列分子式

CO_1　　$NaCl$　　$AlCl_3$　　SiC　　ZnS　　KF　　H_2

快速阅读

阅读1

硅 器 时 代

在人类发展的历史中，材料（cáiliào material）、器具（qìjù utensil; appliance）的使用和制造促进了人类智慧的不断提高，成为人类社会进化的里程碑。所以历史学家会把材料、器具作为划分时代的标志，比如古时候有石器时代、陶器时代、铜器时代、铁器时代等等。

1958年，美国工程师杰克·基尔比，为了简化电路的设计，将一些电子元件集成在了一块硅材料上，自此以后，硅作为半导体，成为集成电子元件的主要材料，"集成半导体"推动了整个电子时代的运转，使世界经济和科技得到了高速的发展。

如今，半导体集成电路无处不在，移动电话、计算机、互联网拉近了全世界人与人之间的距离。电视、MP3、汽车、冰箱，这些半导体无时无刻不在我们身边，可以说，我们的生活离不开半导体器具，把现代社会叫做"硅器时代"一点也不为过。

生词

1. 智慧	（名）	zhìhuì	intelligence
2. 标志	（名）	biāozhì	sign; mark
3. 简化	（动）	jiǎnhuà	to simplify; to reduce
4. 电路	（名）	diànlù	electric circuit
5. 电子元件		diànzǐ yuánjiàn	electronic component
6. 集成	（动）	jíchéng	to integrate
7. 移动电话		yídòng diànhuà	mobile phone
8. 互联网	（名）	hùliánwǎng	internet
9. 陶器时代		táoqì shídài	Pottery Age
10. 铜器时代		tóngqì shídài	Bronze Age
11. 铁器时代		tiěqì shídài	Iron Age

专名

杰克·基尔比	Jiékè Jī'érbǐ	An American engineer

阅读理解

回答问题

1. 历史学家为什么会把材料、器具作为划分时代的标志？

2. "集成半导体"是怎样发明的？

3. 文章最后一句，"把现代社会叫做'硅器时代'一点也不为过"中的"一点也不为过"是什么意思？

_____

_____

4. 据你所知,世界上硅材料器具最多的地方在哪里?

_____

_____

_____

⫸ 词 语 练 习 ⫷

一、用所给词语完成句子

促进　　无时无刻　　简化　　标志

1. 同屋每天都与我说汉语,_____

2. 铜器的出现_____

3. 我们的地球一直都围着太阳转,也就是说_____

4. 繁体字太不便于书写了,_____

二、把下列词语按一定顺序组成一句话

1. 器具　和　促进　的　智慧　使用　提高　材料　了　人类　不断　制造　的

_____

2. 发展　了　经济　"集成半导体"　使　和　世界　的　高速　科技　得到

_____

阅读 2

新能源汽车

传统汽车离不开石油,产生的尾气污染环境。近年来,世界各大汽车厂商都在开发制造能够替代传统汽车的新能源汽车。

混合动力汽车:采用传统燃料,用电动机或发动机改善动力输出。丰田于1997年开始销售这类汽车。

电动汽车:电力驱动,噪声低、无污染、系统更简单。到2017年,日本生产的电动汽车已达到77.9万辆,占其汽车生产总量的9.7%。

燃料电池汽车:燃料为氢气(H_2)或甲醇(CH_3OH)等,通过化学反应产生电流,电机驱动,成本较高。

氢动力汽车:燃料价格不到汽油的一半,而且排放出的是纯净水,是真正实现零排放

的新能源汽车。宝马H2R车型曾在法国高速试车场创下氢燃料动力汽车的9项全球速度记录。

　　生物乙醇汽车：乙醇（C_2H_6O）作为燃料，可以减少二氧化碳（CO_2）的排放，同时提升汽车的动力性能。目前，在世界上的大部分国家和地区，乙醇已经成为汽油的"伴侣"，被一起加入汽车的发动机中，只需要10%—30%的比例，就可以提升燃油性能。

生词

1. 能源	（名）	néngyuán	energy resource
2. 石油	（名）	shíyóu	petroleum
3. 污染	（动）	wūrǎn	to pollute
4. 开发	（动）	kāifā	to develop; to exploit
5. 替代	（动）	tìdài	to substitute for; to take the place of
6. 动力	（名）	dònglì	impetus
7. 输出	（名）	shūchū	output
8. 驱动	（动）	qūdòng	to impel
9. 性能	（名）	xìngnéng	performance; property

专名

1. 丰田	Fēngtián	Toyota
2. 宝马	Bǎomǎ	BMW

阅读理解

一、根据课文内容填空

　　传统汽车离不开_____，产生的尾气_____环境。近年来，世界各大汽车厂商都在_____制造能够_____传统汽车的新能源汽车。

二、回答问题

1. 混合动力汽车的特点是什么？

_____

_____

_____

2. 为什么说氢动力汽车是真正实现零排放的新能源汽车？

_____

_____

_____

3. 请你说明一下乙醇成为汽油"伴侣"的理由。

_____

_____

_____

4. 你们国家现在有哪些新能源汽车？

_____

_____

_____

阅读3

教你识别有毒无毒塑料袋

日常生活中人们大量使用塑料袋（sùliàodài plastic bag），你知道你用的塑料袋是有毒还是无毒的吗？教你几个识别的办法。

（1）燃烧的方法。燃烧时，火焰（huǒyàn flame）为蓝色，火焰上端呈黄色，燃烧时散发出石蜡（shílà paraffin）的气味，这样的塑料袋是无毒的；极难燃烧，燃烧后火焰显黄色，外边为绿色，有一股刺激气味的是有毒塑料袋。

（2）用手用力抖动塑料袋，发出清脆响声的是无毒塑料袋，声音又小又闷的是有毒塑料袋。

（3）将塑料袋放入水中，用手按到水底，浮上水面的是无毒塑料袋，沉在水底的是有毒塑料袋。

（4）抚摸塑料袋的表面，感觉光滑的是无毒塑料袋；粗糙不平的是有毒塑料袋。

（改编自《e时代N个为什么——材料》）

生词

1. 识别	（动）	shíbié	to distinguish
2. 有毒	（形）	yǒudú	poisonous; venomous

3. 刺激	（形）	cìjī	irritating
4. 抖动	（动）	dǒudòng	to shake
5. 清脆	（形）	qīngcuì	clear and melodious
6. 光滑	（形）	guānghuá	smooth

阅读理解

根据课文内容填表

办法　＼　塑料袋	无　毒	有　毒
燃烧		
用手用力抖动		
放入水中,按到水底		
抚摸塑料袋的表面		

词语练习

一、在文章中找出下列词语的反义词

光滑——_____　　　　浮——_____　　　　闷——_____

二、找出文章中表示手的动作的词

_____

阅读新知

「元素的汉语表示」

　　大部分元素的汉字表达跟气体一样,也是用形声字;汉字的一部分表示意义,另一部分大致表示发音。例如,表示气体用"气"字旁:氧、氩、氯;表示金属用"金"字旁:铜、锌、钛;表示非金属性的"石"字旁:碳、碘、砷。

　　请你在元素周期表中,按汉字偏旁把元素归一下类,并试着用汉语念一下。

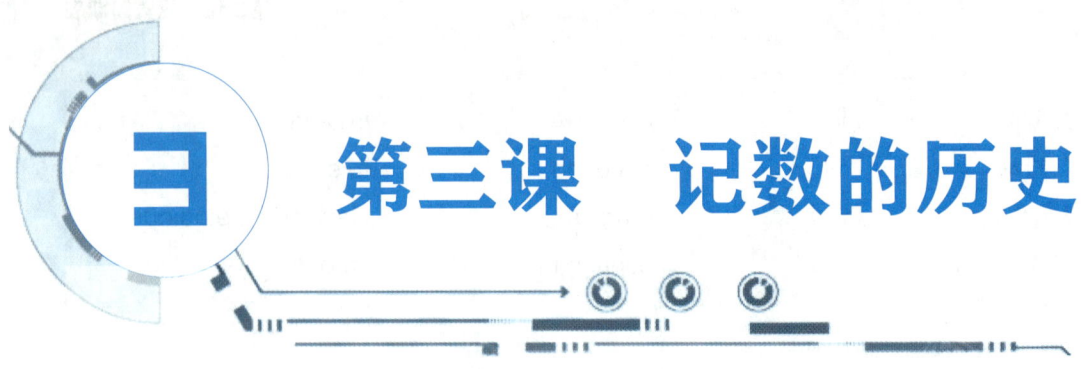

第三课　记数的历史

 **课　文**

　　人类祖先最早用"记数"来记录自己的活动。最原始的记数方式是"结绳"。所谓"结绳"，就是用在绳上打结（jié knot）的办法来记录事情，大事用大绳，小事用小绳，结的多少表示事情的多少。

　　后来人们改用刀在竹、木或石头上面刻痕（hén mark; trace）来记数。到了3 000多年前，文字的使用已经很普遍，把文字或符号（fúhào symbol）刻在动物骨头和器具上作为记数的方法也屡见不鲜。

　　现在人们都习惯用十进位值制。所谓"十进"，就是逢十进一，所谓"位值"，就是同一个数字符号在不同的位置，表示不同的数值。十进制是记数法当中最自然的一种，因为人有10只手指，利用手指做简单的加、减、乘、除运算都非常容易。

　　随着科技的发展，由于各种不同的需要，除了十进位值制以外，人们还使用多种进位制，最有代表性的是计算机中常用的二进制，"二进"，就是满二进一，把0和1放在不同的地方，表示不同的位值。二进制是各种位值制中运算法则最简单的一种，机器操作起来十分快捷，给计算机的设计带来了方便。

　　　　　　　　　　　　　　　　　（节选并改编自《改变人类的科学活动》）

生　词

1. 记录	（动）	jìlù	to note; to record
2. 所谓	（形，前缀）	suǒwèi	what is called
3. 普遍	（形）	pǔbiàn	general; common
4. 屡见不鲜		lǚjiàn-bùxiān	common occurrence; nothing new
5. 逢	（动）	féng	to encounter

6. 数值	（名）	shùzhí	numerical value
7. 运算	（动，名）	yùnsuàn	to calculate; operation
8. 随着	（介）	suízhe	along with
9. 法则	（名）	fǎzé	rule
10. 操作	（动）	cāozuò	to operate; to manipulate

◀ 阅 读 理 解 ▷

一、画图或用数字举例解释下列词语

1. 结绳

_____

2. 十进制

_____

3. 二进制

_____

二、回答问题

1. 刻痕记数法的材料是什么？

_____

_____

_____

2. 为什么说十进制是记数法当中最自然的一种？

_____

_____

_____

3. 为什么计算机常用二进制?

_____

_____

_____

三、根据课文内容填空

1. 到了_____多年前,文字的使用已经很普遍,把文字或符号刻在动物骨头和器具上_____记数的方法也屡见不鲜。

2. 十进制是记数法当中最自然的一种,_____人有10只手指,利用手指做简单的_____、减_____、除运算都非常容易。

3. _____各种不同的需要,_____十进位值制以外,人们还使用多种进位制,最有代表性的是计算机中常用的二进制。

词语注释

1. 所谓……就是……

用"所谓"提出需要解释的词语,"就是"后解释说明词语的意思。例如:

(1)所谓汉字,就是用来记录汉语的书面符号。

(2)所谓太阳能,就是太阳的能量。

2. 随着

常用"随着A,B……"的句型,"随着"多放在句首,表示B因为A的变化也跟着变化。例如:

(1)随着社会的发展,人们更注意环保了。

(2)随着夏天的到来,超市的水果更多了。

3. 除了……以外

除了有两种用法:① 排除不同的,后面常常用"都"或"全"呼应。如:

(1)高等数学除了微积分以外,别的我都觉得不太难。

(2)除了小一点以外,这房子其他地方都不错。

② 课文中的用法。排除已经知道的,补充其他,后面常用"还"或"也"呼应。如:

（3）除了计算机科学以外，我们学校还有生物工程专业。

（4）除了化学以外，他也学习历史。

◀◀◀ 词 语 比 较 ▷

"因为"和"由于"

都表示原因，"因为"比"由于"用得广泛。"由于"更书面化，可以跟"因此""因而""所以"搭配；"因为"常常与"所以"搭配使用。用"由于"的分句，只能放在表示结果的分句之前，不能放在后面。"因为"的用法不受此限制。下面二例不能互相替换。

（1）由于教练的战术比较好，因而他们取得了这场比赛的胜利。

（2）我是乘电缆车上的泰山，因为那年冬天泰山的雪很大。

◀◀◀ 词 语 练 习 ▷

一、根据意思填适当的词语

1. 中国古代（　　）过十六位值制。（　　）"十六进"，就是（　　）十六进一；（　　）"位值"，（　　）同一个数字符号在不同的（　　），表示不同的数值。成语中有"半斤八两"，在古代半斤（　　）八两。

2. （　　）科学的发展，人们用来记录的办法越来越多。文字记录非常（　　），音像记录也已（　　）了。

3. 到过东京的，（　　）他，还有三个人。

4. （　　）年龄的增长，他的女儿越来越漂亮了。

5. （　　）新同学以外，其他人也想去。

6. 我们班数学厉害的除了他以外，（　　）有两个男生。

7. 除了这间以外，所有的房间（　　）住满人了。

8. （　　）事先做了充分的准备，因而展览会办得非常成功。

9. （　　）经济的发展，人们的文化生活水平大大地提高了。

二、给出意思相近的词

看见过多次就不觉得新鲜了——（　　　　）

普通的，到处都有——（　　　　）

记录时用的标志——（　　　　）

刀等刻出的印儿——（　　　　）

很快的——（　　　　）

运算时遵守的规则——（　　　　）

 快速阅读

阅读1

圆 周 率

人们很早就知道圆的周长（zhōucháng perimeter）和它的直径（zhíjìng diameter）的比（c:d）是一个常数。我们把这个常数叫做圆周率,用符号 π 来表示。

圆周率 π 的值是怎样算出来的呢？ 一般是利用圆的内接或外切多边形（duōbiānxíng polygon）的周长,近似地替代圆的周长。在半径为 r 的圆中,内接正六边形的周长是 6r,它与圆的直径的比是 6r/2r＝3,这个比值与 r 无关。也就是说,不管圆的大小怎样,它是一个常数。

我国古代数学家祖冲之在公元（gōngyuán Christian era）5世纪就已算出 π 的值在 3.1415926 与 3.1415927 之间,是世界上最早的七位小数精确值,比其他国家早一千年左右。现在利用计算机,已经有人把 π 的值精确到小数点后一百万位。一百万位小数就完了吗？ 永远算不完,π 是个"无尽"的数,是一个无限不循环的数,也就是说,π 是个无理数。

（节选并改编自《科技汉语（汉维版）》）

生 词

1. 圆周率	（名）	yuánzhōulù	circumferential ratio
2. 比值	（名）	bǐzhí	ratio
3. 内接	（动）	nèijiē	to inscribe
4. 外切	（动）	wàiqiē	to circumscribe
5. 近似	（形）	jìnsì	approximate
6. 与	（连）	yǔ	and
7. 精确值	（名）	jīngquèzhí	accurate value
8. 无限	（形）	wúxiàn	infinite; boundless; limitless
9. 循环	（动）	xúnhuán	to circle

专 名

祖冲之	Zǔ Chōngzhī	name of a great mathematician in ancient China

◀◀ 阅读理解 ▷

回答问题

1. 什么叫做圆周率?

   _____

   _____

2. 圆周率 π 的值是怎样算出来的? 除了课文说的方法以外,你还知道其他计算 π 的方法吗?

   _____

   _____

   _____

3. 什么是无理数? 请你写出几个无理数。

   _____

   _____

   _____

◀◀ 词语练习 ▷

一、用课文中出现的词语填空

1. 圆的周长和它的直径的比是(　　　　　)。

2. 无限不循环的数被称为(　　　　　)。

3. 圆上最远两点的距离称为(　　　　　)。

二、猜猜下面反义词的词义

1. 内接——外接 _____

2. 内切——外切 _____

3. 直径——半径 _____

4. 无理数——有理数 _____

5. 精确值——近似值 _____

▌阅读2

解　方　程

　　方程是含有未知数的等式。能够使方程两边相等的未知数的值叫做方程的解。只含有一个未知数的方程的解也叫做方程的根。求方程的解的过程,叫做解方程。通过解方程,可以求出使方程左右两边的值相等的未知数的值(方程的解),使原来的"未知"变为"知"。

方程中的未知数简称为元,未知数的最高次数叫做方程的次数。一元一次方程,就是含有一个未知数,并且未知数的次数是一次的方程。解一元一次方程,就是通过去分母($2/3x+1/4=6 \rightarrow 8x+3=72$)、去括号($3(x+5)=10 \rightarrow 3x+15=10$)、移项($3x+15=10 \rightarrow 3x=10-15$)、合并同类项($8x-5+2x=6 \rightarrow 10x=11$)等步骤,把方程化成最简方程$ax=b$的形式,当$a \neq 0$时,得到方程的解$x=b/a$。

方程未知数的最高次数高于一次的方程,叫做一元多次方程。最常见的有一元二次方程和一元三次方程。解这些方程的基本方法跟解一元一次方程相似。不同的是,把方程化成$x^2(x^3)=b/a$以后,还得通过开平方($x^2=4 \rightarrow x=\sqrt{4}=2$)或开立方($x^3=64 \rightarrow x=\sqrt{64}=4$)得到方程$x$的解。

(节选并改编自《科技汉语(汉维版)》)

▶生 词

1. 方程	(名)	fāngchéng	equation
2. 未知数	(名)	wèizhīshù	unknown number
3. 等式	(名)	děngshì	equation
4. 求	(动)	qiú	to strive for; to seek
5. 通过	(介)	tōngguò	by means of; by way of
6. 分母	(名)	fēnmǔ	denominator
7. 括号	(名)	kuòhào	parenthese; bracket
8. 简称	(名)	jiǎnchēng	abbreviation
9. 次数	(名)	cìshù	degree
10. 步骤	(名)	bùzhòu	procedure

▶阅 读 理 解

一、根据课文内容填空

方程中的未知数简称为( ),未知数的( )叫做方程的次数。一元一次方程,就是含有一个( ),并且未知数的( )是一次的方程。( )一元一次方程,可通过去分母、去括号、移项、合并同类项等( )。

二、看式子,指出下列相应的概念

$$2x^3 + 4x^2 + x - 10 = 24$$

$$3(x+8)/5 = 20$$

$$x = 2$$

1. 方程: _____

2. 方程的解: _____

3. 方程的根: _____

4. 元: _____

5. 方程的次数: _____

6. 一元一次方程: _____

7. 一元多次方程: _____

三、请解下列方程,并把解方程的过程用汉语描述出来

1. 甲、乙两车站之间的距离(distance)为284 km,一列慢车从甲站开往乙站,每小时行 48 km,慢车行了1小时;另有一列快车从乙站开往甲站,每小时行70 km,快车开出几小 时后跟慢车相遇(meet)?

解:设

答:

2. $(2x+3)^2 = 3(4x+3)$

阅读3

生活中的数轴

所谓数轴,就是规定了原点,正方向和单位长度的直线。原点、方向、单位长度叫做数 轴的三要素。这三者缺一不可。

有了数轴,任何一个有理数都可以用数轴上一个确定的点表示出来。任何一个正数都 可以用数轴上原点右边的一个点来表示;任何一个负数都可以用数轴上原点左边的一个点 来表示;零是个特殊的数,它既不带正号又不带负号,它是正数与负数的界限,所以零用原 点来表示。

实际生活中,数轴的应用有很多,温度计(wēndùjì thermometer)就是数轴最好的"模

型（móxíng model; pattern）"，温度计的一个单位长度为1摄氏度（1℃），度数也有正负之分，分别称为零上摄氏度和零下摄氏度。你还能找出生活中其他的数轴吗？

（改编自《初级中学代数》（第一册））

生 词

1. 数轴	（名）	shùzhóu	number axis
2. 要素	（名）	yàosù	essential factor; key point
3. 原点	（名）	yuándiǎn	origin
4. 单位长度		dānwèi chángdù	unit length
5. 缺一不可		quēyībùkě	indispensable
6. 负数	（名）	fùshù	negative
7. 界限	（名）	jièxiàn	dividing line; boundary

阅读理解

一、请画出数轴，先用汉语标注数轴的三要素，然后在数轴上表示下列各数：$-1, +2, -3, -1.5, +4\frac{1}{2}, 0$。

二、说说你还见过的生活中的数轴。

阅读新知

「定义的表示法」

在汉语中给名词下定义的常见表达方式有：

1. "所谓" + 定义 + "就是" + 解释

例如：**所谓**"结绳"，**就是**用在绳上打结的办法来记录事情。

2. 定义＋"是/就是"＋解释

　　　方程**是**含有未知数的等式。

3. 解释＋"叫做/称为"＋定义

　　　能够使方程两边相等的未知数的值**叫做**方程的解。

请你找一下在本课中有哪些定义，用了哪几种表达方式。

第四课　一样的压力，不一样的压强

作用于物体表面的力叫做压力。物体表面(biǎomiàn surface)的单位压力为压强。压强的计算用公式可以表示为：压强＝力/面积。要注意的是，作用力的方向应该垂直于物体表面。压强的单位是帕斯卡，简称帕。1帕相当于1牛顿的力垂直作用在1平方米的面积上。比如，一个长方体的重量是400牛，它跟桌面的接触面积是0.02米^2，那么桌面受到压力，压强＝400牛/0.02米^2＝20 000帕(如图1所示)。

根据压强计算公式，压强的大小取决于作用力的大小和物体受到压力的面积。平常我们按钉子(dīngzi nail)就是利用了小面积产生大压强的原理。钉子帽面积比较大，我们用力按在钉子帽上，压力从钉子帽传到钉子尖上去，由于钉子尖的面积非常小，所以产生的压强十分大，钉子很容易就被刺进墙或者木头里面去了(如图2所示)。

相反，滑雪用的滑板面积很大，人站在上面，重量被分散了，滑板上的压强较小，人就不会陷进雪里了。(如图3所示)

计算：

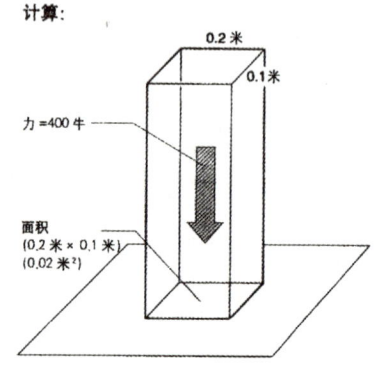

块体的重量是400牛。
它的接触面积是0.02米^2。
压强 $= \dfrac{400\ 牛}{0.02\ 米^2} = 20000$ 帕。

图1

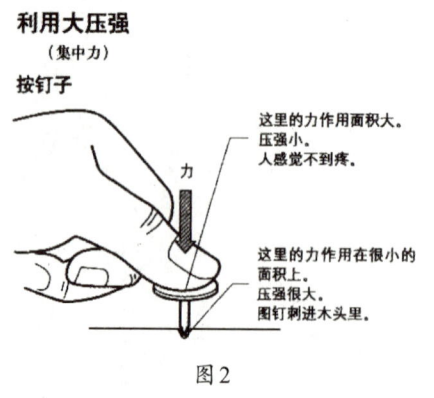

利用大压强
（集中力）
按钉子

这里的力作用面积大。
压强小。
人感觉不到疼。

这里的力作用在很小的面积上。
压强很大。
图钉刺进木头里。

图2

雪板

人的重量被分散到面积大的雪板上，压强小，因此人不会陷进雪里。

图3

（改编自《牛津图解中学科学》）

生词

1. 压力	（名）	yālì	pressure
2. 压强	（名）	yāqiáng	intensity of pressure
3. 公式	（名）	gōngshì	formula
4. 相当于	（动）	xiāngdāngyú	to equal to; to amount
5. 长方体	（名）	chángfāngtǐ	cuboid
6. 接触	（动）	jiēchù	to touch
7. 取决于	（动）	qǔjuéyú	to lie on
8. 刺	（动）	cì	to stick; to puncture
9. 分散	（动）	fēnsàn	to disperse
10. 陷	（动）	xiàn	to trap; to get stuck
11. 帕斯卡	（量）	pàsīkǎ	unit of pressure intensity
12. 牛顿	（量）	niúdùn	unit of force

阅读理解

一、用学过的汉语定义法解释下列概念

1. 压力 _____

2. 压强 _____

3. 帕 _____

二、用括号里的词语回答问题

1. 为什么钉子很容易被刺进墙或者木头里面去？（因此）

_____

_____

2. 人站在滑雪板上，为什么不会陷进雪里？（由于）

_____

_____

三、根据课文内容填空

1. 压强的计算用公式表示为：_____
2. 计算压强的时候,作用力的方向应该_____物体表面。
3. _____压强计算公式,压强的大小_____作用力的大小和物体受到压力的面积。

词语注释

1. 垂直于

A 垂直于 B,表示 A 与 B 成 90 度角。

（1）长方形的一边垂直于相邻边。

（2）墙垂直于地面。

2. 相当于

A 相当于 B,表示 A 和 B 二者差不多,有时也指完全相等。

（1）一尺相当于 33.3 厘米。

（2）一公斤相当于一千克。

3. 取决于

A 取决于 B,指 B 决定 A。

（1）是否下雨取决于大气中的湿度。

（2）明天是否去郊游取决于天气情况。

4. 刺

用尖的东西扎入或穿过。

（1）他不小心被针刺伤了。

（2）他用针在纸上刺了个花。

5. 陷

面积或体积较大的物体沉入、掉进,也可引申为对事情的专注,着迷。常与"进""入"等一起用。

（1）在湿泥地上不容易走,因为鞋常常陷进泥里。

（2）他陷入了对往事的回忆中。

词 语 比 较

"物体"和"物质"

"物体"指实际存在的、具体的东西；"物质"侧重与精神相对，是"物体"的抽象概括，泛指独立于人思想之外的客观实在。例如：

（1）玻璃是透明物体。

（2）物体占有的空间用体积表示。

（3）人们的物质生活比过去好多了。

（4）物质都是运动的。

词 语 练 习

一、用本课生词填空

1. 方程的次数（　　　　）未知数的最高次数。

2. $ax = b$（　　　　）$x = b/a$

3. 圆周率是个常数，（　　　　）直径的大小。

二、将可搭配的词划线连起来

利用　　　　　　　　　　　公式

使用　　　　　　　　　　　了解

根据　　　　　　　　　　　原理

据　　　　　　　　　　　　词典

三、用下列词语造句

相当于

_____

取决于

_____

刺

_____

陷

_____

 快速阅读

阅读 1

宇宙的起源和未来

科学家一直都在努力地探索宇宙的起源和未来。宇宙是怎样开始的呢？宇宙以后会是怎样的呢？以下是现今在科学界流传较广的几个理论。

大爆炸理论认为宇宙中的所有物质开始于某个地方的一个巨大质量。这个质量有一天突然爆炸，各个星系（xīngxì galaxy）因为这次爆炸而飞到遥远的地方去，互相之间存在着很远的距离。科学家从星系的运动速度推测大爆炸发生在100～200亿年前。

膨胀宇宙理论认为星系将继续自己的运动并互相远离，以后再也不会有亿万年前的大爆炸。

振荡宇宙理论认为物质的引力会使宇宙膨胀的速度减慢，星系又开始向同一个方向运动，当宇宙中所有的物质都聚集在一起，总质量变得非常大的时候，将会有另一次大爆炸，一切又重新开始。

总之，宇宙的未来取决于物质的总量，有足够的物质，引力使物质聚集，宇宙塌陷；没有足够的物质，引力作用弱小，宇宙将膨胀下去。

（改编自《牛津图解中学科学》）

生词

1. 爆炸	（动）	bàozhà	to explode
2. 质量	（名）	zhìliàng	mass
3. 膨胀	（动）	péngzhàng	to expand; to swell
4. 振荡	（动）	zhèndàng	to surge; to shock
5. 引力	（名）	yǐnlì	gravitation; gravity
6. 塌陷	（动）	tāxiàn	to sink; to cave in

阅读理解

一、根据课文内容选择正确答案（答案可能不止一个）

1. 大爆炸理论： （ ）

    A 有一个巨大质量突然爆炸，各个星系飞到遥远的地方去，互相之间存在着很远的距离

    B 宇宙中的所有物质开始于一个地方的一个巨大质量

  C　星系继续自己的运动并互相保持遥远的距离,但不会有亿万年前的大爆炸

  D　大爆炸发生在100～200亿年前

2.　膨胀宇宙理论: (　　)

  A　物质的引力会使宇宙膨胀的速度减慢,星系又开始向同一个方向运动

  B　宇宙中的所有物质开始于一个地方的一个巨大质量

  C　星系继续运动并互相保持遥远的距离,但不会有亿万年前的大爆炸

  D　当宇宙中所有的物质都聚集在一起,总质量变得非常大的时候,又将会有一次大爆炸

3.　振荡宇宙理论: (　　)

  A　物质的引力会使宇宙膨胀的速度减慢,星系又开始向同一个方向运动

  B　宇宙中的所有物质开始于一个地方的一个巨大质量

  C　当宇宙中所有的物质都聚集在一起,总质量变得非常大的时候,又将会有一次大爆炸

  D　星系将继续互相远离,以后再也不会有亿万年前的大爆炸

二、用课文生词填空

  宇宙的未来取决于物质的总量,有足够的物质,引力使物质聚集,宇宙_____;没有足够的物质,引力作用弱小,宇宙将_____下去。

三、讨论

你对哪种理论感兴趣? 谈谈你对宇宙的起源和未来的认识。

_____

_____

_____

词语练习

写出近义词

充足——_____   寻找——_____

波动——_____   减慢——_____

缩小——_____   开始——_____

阅读2

飞出地球去

  地球具有引力,地面上的一切物体因而都不会飞离地球,就是远离地球38万公里的月球,也能被地球吸引住,永远绕着地球运转。

为什么人造卫星能绕着地球运转，很久也不落下来呢？这是因为人造卫星发射出去以后，它的速度极快，地球的引力起向心力的作用，使卫星作匀速圆周运动（yúnsù yuánzhōu yùndòng constant circular movement），不会落入地球。

人造卫星需要多大速度，才能克服地球的引力并绕着地球作匀速圆周运动呢？根据科学家的计算，速度达到7.9千米/秒（miǎo second）就能使人造卫星绕着地球运转。这个速度叫第一宇宙速度。如果大于这个速度达到11.2千米/秒，飞上高空的人造卫星就可以完全克服地球的引力，绕着太阳运转，永远不落回到地球上来。这个能使物体永远离开地球的速度，叫第二宇宙速度。达到第二宇宙速度的物体还受着太阳引力的吸引，要想让物体飞到太阳系（tàiyángxi solar system）以外的宇宙中去，必须使它的速度等于或大于16.7千米/秒，这个速度叫第三宇宙速度。

（节选并改编自《科技汉语》（汉维版））

ⅢⅣ 生 词 ⤶

1. 吸引	（动）	xīyǐn	to allure; to attract
2. 绕	（动）	rào	to surround
3. 运转	（动）	yùnzhuǎn	to circle around
4. 人造卫星		rénzào wèixīng	man-made satellite
5. 向心力	（名）	xiàngxīnlì	centripetal force
6. 克服	（动）	kèfú	to overcome
7. 等于	（动）	děngyú	to equal to

ⅢⅣ 阅 读 理 解 ⤶

一、根据课文内容填空

地球具有_____，地面上的一切物体_____都不会飞离地球，就是远离地球38万公里的月球，也能被地球_____住，永远绕着地球_____。

二、回答问题

1. 为什么月球永远绕着地球运转？

_____

_____

_____

2. 人造卫星发射出去以后，它跟地球的作用力为什么力？

_____

_____

3. 什么叫第一宇宙速度？

_____

_____

4. 物体达到第二宇宙速度一小时能走多远？

_____

_____

5. 当物体达到第三宇宙速度时会怎么样？

_____

_____

_____

阅读 3

家庭用电的保护神

　　使用电器的时候万一发生故障，比如说短路，线路就可能在短时间内产生极大的电流，轻则电器和电线被烧毁，重则电线温度过热，还会引起大火。

　　室内线路通常有照明（zhàomíng illumination）、插座（chāzuò plug）和其他用电器具等几部分。每个电路都装有保险丝或断电器，保险丝和断电器是通过断开电流来保证用电安全的。如果电流因为特殊情况突然变得过高，超过保险丝的额定电流，保险丝就会熔断，从而使电路断开。断电器则是一种开关。当电流超过一定数值，断电器就从"开"跳到"关"的位置，将电路断开。保险丝熔断必须更换，断电器"跳开"，把按钮按回"开"的位置就行了。

　　一般来说，保险丝的额定电流应该大于正常使用电器时的工作电流，否则每次熔断都得更换实在太麻烦了。下面是常用电器的工作电流和相应保险丝的数值。

电　器	工作电流	保险丝额定电流
灯	0.25安	1安或3安
电视机	1.5安	3安
电冰箱	4安	13安
空调	8安	13安

生词

1. 故障	（名）	gùzhàng	malfunction; trouble
2. 短路	（动）	duǎnlù	short
3. 烧毁	（动）	shāohuǐ	to burn
4. 保险丝	（名）	bǎoxiǎnsī	fuse
5. 断电器	（名）	duàndiànqì	the socket to cut the circuit
6. 额定电流		édìng diànliú	rating electric current
7. 熔断	（动）	róngduàn	to melt

阅读理解

回答问题

1. "家庭用电的保护神" 指的是什么？

_____

_____

_____

2. 保险丝是怎样保证用电安全的？

_____

_____

_____

3. 断电器是通过什么来保证用电安全的？

_____

_____

_____

_____

4. 请介绍一下家用电器的工作电流和相应保险丝的数值。

_____

_____

_____

_____

▶ 阅 读 新 知 ▷

一、汉语中的单位表示见下表

	长度	重量	面积	速度	压强	电流
单位	米	克	平方米	米每秒	帕斯卡	安培
符号	m	g	m^2	m/s	pa	an

二、符号的读法

符号	英语	汉语
+	plus	加
−	minus	减
×	is multiplied by	乘
÷	is divided by	除
=	is equal to	等于
≠	is not equal to	不等于
≅	is identical to	全等于
≈	is approximately equal to	约等于
<	is less than	小于
>	is more than	大于

第五课　京东X未来餐厅

 **课　文**

11月10日,京东X未来餐厅在天津正式开业。作为国内第一家机器人餐厅,京东X未来餐厅面积近400平方米,餐厅最多可容纳100人同时用餐。餐厅内采用智能机器人与智能后台结合运营模式,从点菜、配菜、炒菜到传菜等环节实现全智能化运作。

京东X未来餐厅平时到底是怎么运营的呢? 据了解,用户只需要在座位上点好菜,智能化厨房就会将所需菜品全部配齐,然后机器人按照顾客所点菜品进行制作,当菜品制作好后,将由传菜机器人以最快速度将菜品传送到顾客桌前。值得注意的是,未来餐厅从点菜—制作—传菜都是由机器人来完成。

京东X未来餐厅不仅仅是一家餐厅,更像是一次智能科技与无人场景的创新尝试,随着X未来餐厅正式投入运营,京东在天津开设的第三家X超市也将同步启动。不论是X未来餐厅还是X无人超市,都会给人们生活带来极大便利与全新科技体验。

（改编自 *http://www.diankeji.com/news/43936.html*）

生　词

1. 未来	（名）	wèilái	future
2. 机器人	（名）	jīqìrén	robot
3. 容纳	（动）	róngnà	to hold; to have a capacity of
4. 后台	（名）	hòutái	backstage; background
5. 运营	（动）	yùnyíng	to be in motion and do business
6. 模式	（名）	móshì	model
7. 环节	（名）	huánjié	link; segment
8. 用户	（名）	yònghù	user; subscriber; consumer
9. 创新	（动）	chuàngxīn	to bring forth new ideas
10. 启动	（动）	qǐdòng	to start; to pulse-on

◀ 专名 ▷

1. 京东	Jīngdōng	JD.COM
2. 天津	Tiānjīn	Tianjin

◀ 阅读理解 ▷

一、根据课文内容选择正确答案

1. X 未来餐厅是（　　　）。

   A 天津第三家无人餐厅

   B 结合人工与智能机器

   C 餐厅的面积不算太大

   D 国内首个机器人餐厅

2. 在 X 未来餐厅,（　　　）。

   A 还有很多服务员　　　　　　　B 是人工进行烹饪

   C 顾客只需要点菜　　　　　　　D 无法用现金结账

3. 京东在天津一共开设了（　　　）家无人超市。

   A 一　　　　　　　　　　　　　B 二

   C 三　　　　　　　　　　　　　D 四

4. 根据短文,关于京东 X 未来餐厅下列哪个说法不对?　　　　　　　（　　　）

   A 已经在天津开了三家了

   B 餐厅的服务员是机器人

   C 整个餐厅实习全智能化

   D 是一次全新的科技体验

二、根据课文内容回答问题

1. X 未来餐厅的运营模式是什么?

   _____

   _____

   _____

2. 在 X 未来餐厅,人工智能都可以完成什么工作?

   _____

_____

_____

▌词语注释▐

无论……都……

表示"条件关系"的关联词语，即任何条件下都会有某种结果，也就是说前面的条件都不会改变后面的结果。"无论"后面带任指性的疑问代词或者选择性词语。

（1）无论刮风还是下雨，我都按时到校上课。

（2）无论你说什么，都不会改变我的决定。

▌词语比较▐

"无论"与"不论"

"无论"表示在任何条件下结果都不会改变，后面带任指性的疑问代词或者选择性词语，表示在任何假设的条件下结果或者结论都一样。"不论"表示条件或情况不同而结果不变，后面往往有并列的词语或表示任指的疑问代词，下多用"都、总"等副词跟它呼应，语气更重些。

（1）无论遇到什么困难，我也要坚持下去。

（2）无论你做什么决定，我都支持你。

（3）不论世界怎么变，我对你的感情也不会变。

（4）不论是谁都要按照操作规范进行操作。

▌词语练习▐

一、用所给的词语完成下列句子

_____,妈妈都会爱你。（无论）

二、选择填空

A 未来　　B 创新　　C 启动　　D 运营

1. 创业要有许多条件，（　　）资金就是其中之一。

2. 你需要了解全公司的（　　）情况，才能做出判断。

3. 只有不断地（　　），我们才能走在世界的前端。

4. 让我们一起共同创造美好（　　）。

阅读1

智 能 地 图

近日,百度地图推出"实时公交功能",将为用户提供更加精准的公交信息,大大提高出行效率。百度地图可定位公交车的实时位置,精准计算到站时间,为用户提供精准的实时公交车信息。在出门前,用户可先搜索目的地并选择公交出行,即可看到前往终点的各路公交车还有几站,预计将在多久后到达。

除此之外,用户还可以看到500米之内的公交站点,和经过这些站点的线路,帮助用户选择出行方案。与此同时,也可以直接输入公交车站的名称,查看这个车站所有经过线路的公交情况;或搜索一条公交线路,查看该线路中所有车辆的实时位置。

百度地图实时公交功能的上线,让用户获得高效、便捷、智能的出行体验。新一代人工智能地图也将继续给人们出行创造更多的可能。

（改编自 *http://www.diankeji.com/news/53039.html*）

生 词

1. 公交	（名）	gōngjiāo	public transport
2. 实时	（形）	shíshí	actual time; real time
3. 功能	（名）	gōngnéng	function
4. 精准	（副）	jīngzhǔn	accurately
5. 定位	（动）	dìngwèi	to orientate
6. 位置	（名）	wèizhi	seat; place; location
7. 搜索	（动）	sōusuǒ	to search for
8. 方案	（名）	fāng'àn	scheme; plan; programme; project
9. 便捷	（形）	biànjié	convenient
10. 输入	（动）	shūrù	to input

专 名

百度	Bǎidù	Baidu

⫶⫶ 词 语 注 释 ⫴

与此同时

"与此同时"表示和这个相同的时候,即"同时"。

(1)与此同时,各大报纸也刊登了相关报道。

(2)与此同时,人们的消费模式也产生了变化。

⫶⫶ 阅 读 理 解 ⫴

一、近义词连线

A. 今日   1. 准确

B. 便捷   2. 计划

C. 精准   3. 方便

D. 方案   4. 这个

E. 该   5. 最近

二、根据课文内容判断对错

1. "实时公交功能"的功能比较多,但需要用户提高精准信息。　　　　(　　)

2. "实时公交系统"能够搜索到公交站500米之内的公交车的实时位置。　(　　)

3. 人工智能地图将给用户提供更有效率的出行体验。　　　　　　　(　　)

三、根据课文内容填空

　　"实时公交功能"可定位公交车的_____,精准计算到站时间,为用户_____。用户可在出门前,_____并选择公交出行,即可看到前往终点的各路公交车还有多久到达。

　　_____,用户还可以搜索经过某个站点的线路,帮助用户_____。与此同时,也可以_____公交车站的名称,查看所有经过线路的公交情况;或搜索某条_____中所有车辆的实时位置。

▌阅 读 2

怎么知道我的电脑中毒了?

　　对网络业发展危害最大的,要数电脑病毒了。病毒由电子邮件(diànzǐ yóujiàn e-mail)携带,在短时间内可以在上万台电脑中传播,使电脑瘫痪。要是你的电脑经常出现下面的现象,你可要注意了,它很可能感染病毒了。

　　(1)电脑突然变得迟钝,反应缓慢,出现蓝屏(píng screen)、黑屏甚至死机。

（2）进入应用程序的时间变长。如果病毒控制了程序或系统的启动程序，我们进入一个应用程序或启动系统时，病毒便开始工作，耽误我们的时间。

（3）可执行程序文件的大小改变了。正常情况下，这些程序的大小应该维持不变，但有些病毒会增加程序文件的大小。

（4）执行一个简单的工作，要花很多的时间才能完成。例如，原来储存一个文件只需一秒，但中毒后，系统要花更多的时间寻找未感染的文件，把文件保存起来。

（5）硬盘的指示灯无缘无故一直在亮着。

（6）开机后出现陌生的声音、画面或不寻常的错误信息、乱码（luànmǎ unrecognized code）。

（7）系统内存或硬盘的容量突然减少。

（8）文件名称、扩展名（kuòzhǎnmíng extended name）、日期、属性（shǔxìng property）、内容等被更改过，甚至是整个文件离奇消失。

（改编自《科学与未来（虚拟与数字）》）

生词

1. 中毒	（动）	zhòngdú	to be poisoned
2. 病毒	（名）	bìngdú	virus
3. 瘫痪	（动）	tānhuàn	to be paralyzed
4. 感染	（动）	gǎnrǎn	to infect
5. 死机	（动）	sǐjī	to freeze; to break down
6. 程序	（名）	chéngxù	program
7. 无缘无故		wúyuán-wúgù	without reasons
8. 硬盘	（名）	yìngpán	hard disk
9. 内存	（名）	nèicún	EMS memory
10. 离奇	（形）	líqí	odd; queer

阅读理解

回答问题

1. 请你说说电脑病毒的危害。

_____

_____

_____

2. 中毒以后为什么电脑会变得缓慢？

_____

_____

_____

3. 你的电脑中过毒吗？你是怎样处理的？

_____

_____

_____

◀◀◀ 词语练习 ▷

写出意思相近的词

奇怪——_____   没有原因——_____

缓慢——_____   平常——_____

改变——_____

▌阅读 3

网 上 购 物

　　20世纪90年代，一种崭新的企业经营方式在美国、加拿大等国家兴起，这就是现在非常流行的电子商务（diànzǐ shāngwù E-business）。

　　简单地说，电子商务就是在计算机网络上，通过电子数据交换（shùjù jiāohuàn EDI）、电子货币（diànzǐ huòbì E-currency）等技术进行交易的一种经营方式。一方面，生产商之间利用互联网，进行询价、报价、签订合同、电子付款、运输、提货等一系列贸易活动；另一方面，消费者通过网络用电子货币进行网上购物。

　　我国近几年的电子商务发展速度十分惊人。在全国具有极大影响力的网上商城有阿里巴巴（http://china.alibaba.com）、淘宝（http://www.taobao.com）和易趣（http://www.ebay.com）等几家。网上的商品包罗万象，应有尽有。据报道，2005年中国网上购物的人数上2 000万，半年内网上购物累计金额已达100亿元人民币。

　　有关专家指出，随着网络技术日新月异的发展，轻点鼠标（shǔbiāo mouse）、轻击键盘（jiànpán keyboard）来进行电子交易将成为人们今后商务活动的一个重要方式。随着我国4G网络的不断完善，网上购物的模式带动了电子商务的迅速发展。我国使用线上支付方式的人群不断增长。在这个网络迅速发展的时代，线上支付的功能越来越强大。线上支付是针对线下支付而提出的概念，是指通过在互联网上或者App手机客户端完成支付的过程，常用的线上支付有微信、支付宝、网银等。在电子商务时代里，线上支付为消费者提供一种安全、便捷的网上资金结算方式,使用户真正实现了"足不出户,网上购物"的局面。

（改编自《科学与未来（虚拟与数字）》）

生 词

1. 经营	（动）	jīngyíng	to manage
2. 询价	（动）	xúnjià	to ask the price
3. 签订	（动）	qiāndìng	to sign
4. 合同	（名）	hétóng	agreement
5. 交易	（名）	jiāoyì	dealing; business
6. 包罗万象		bāoluó-wàngxiàng	all-embracing
7. 日新月异		rìxīn-yuèyì	to chang with each passing day
8. 概念	（名）	gàiniàn	concept
9. 客户端	（名）	kèhùduān	client-side; client

专 名

1. 淘宝	Táobǎo	Taobao
2. 微信	Wēixìn	WeChat
3. 支付宝	Zhīfùbǎo	Alipay
4. 网银	Wǎngyín	Internetbank; E-bank

阅 读 理 解

回答问题

1.什么叫电子商务?

_____

_____

2.电子商务在中国发展得怎么样?

_____

_____

_____

3. 请你比较一下电子交易与传统交易的优点和缺点。

_____

_____

_____

4. 你试过网上购物吗？说说你的经验。

_____

_____

_____

5. 什么带动了电子商务的飞跃发展？

_____

_____

_____

6. 什么是网上支付？

_____

_____

_____

7. 常用的网上支付软件有哪些？

_____

_____

_____

ᕫᕫᕫᕫ 词 语 练 习 ᕫᕫ

一、用括号里的词改写句子

1. 大商场的物品非常多，什么都有。（包罗万象）

_____

2. 广州市私人拥有的汽车已经有上百万辆了。（达）

_____

3. 网络给人们带来方便的同时，也有一些不利影响。（一方面……另一方面……）

_____

4. 他买了一台非常新的电脑。(崭新)

5. 网络迅速发展,线上支付的功能越来越强大。(在……的时代)

⫸阅读新知⫷

「词的构成(一)」

1. 量——表示一定的数量或容量

　　含量　动量　能量　原子量

2. 法——表示一种特定的方法

　　锤击法　图像法　归纳法　演绎法

3. 学——表示某一个领域的专项知识

　　生物学　化学　机械工程学　建筑学

4. 家——在某个研究方向或领域中有成绩的人

　　物理学家　画家　作家　音乐家

猜猜下列词语的意思

电量　力量　蒸发量　列表法　反证法

动物学　光学　心理学　收藏家　艺术家　商家

第六课　反应速率

化学反应的发生可以用粒子模型来解释：若参加反应的反应物粒子碰撞，所产生的能量足够打破原有的化学键，形成新的产物，则化学反应发生。

反应速率告诉我们在给定的时间里化学反应所形成的产物有多少，所消耗的反应物有多少。反应速率取决于反应物在一起反应时的条件。根据粒子反应模型，要提高反应速率，这些条件应该体现在增加粒子、加快粒子碰撞速度、保证足够能量等三方面。在实际操作中，我们主要考虑这些因素：

温度

加热反应物使它们的粒子运动得更快，增加粒子碰撞的次数，并保证碰撞使更多粒子具有足够的能量活化反应。通常反应速率随温度的升高而提高。

固体反应物的表面积

碰撞在固体反应物的表面发生。将固体分解成较小的碎片可以增加表面积，提高反应速率。这解释了为什么我们实验中的材料一般都是粉末状的而不是块状的。

浓度

提高溶液中反应物的浓度就相当于增加了粒子的数量，从而增加粒子碰撞的频率。

催化剂

催化剂不参加反应，但它降低反应所需的活化能，这意味着有更多的粒子有足够的能量活化反应。

（改编自《牛津图解中学科学》）

生词

1. 速率	（名）	sùlǜ	speed ratio
2. 碰撞	（动）	pèngzhuàng	to collide; to impact

3. 化学键	（名）	huàxuéjiàn	chemical bond
4. 活化	（动）	huóhuà	to activate
5. 粉末状	（形）	fěnmòzhuàng	farinose
6. 溶液	（名）	róngyè	solution
7. 催化剂	（名）	cuīhuàjì	activator
8. 意味	（动）	yìwèi	to imply
9. 粒子模型		lìzǐ móxíng	particle model

◀◀◀ 阅 读 理 解 ▷

一、根据课文内容选择正确答案（答案可能不止一个）

1. 对反应速率理解正确的是： （ ）

　　A 它反映了在一定的时间里化学反应能形成多少产物

　　B 它表现了在一定的时间里所消耗的反应物的量

　　C 它取决于反应物在一起反应时的条件

　　D 它是反应的速度

2. 提高反应速率应该体现在： （ ）

　　A 增加粒子

　　B 根据粒子反应模型

　　C 加快粒子碰撞速度

　　D 保证足够能量

3. 在通常情况下，反应速率与温度的关系是： （ ）

　　A 反应速率随温度的升高而下降

　　B 反应速率随温度的升高而提高

　　C 反应速率随温度的降低而提高

　　D 反应速率跟温度的变化没有关系

4. 对催化剂的理解正确的是： （ ）

　　A 它提高反应所需的活化能

　　B 它降低反应所需的活化能

　　C 催化剂参加反应

　　D 使更多的粒子可以利用能量活化反应

二、回答问题

1. 用粒子模型理论怎样理解化学反应的发生?

_____

_____

_____

2. 为什么我们实验中的材料一般都是粉末状的?

_____

_____

_____

_____

3. 提高溶液中反应物的浓度有什么作用?

_____

_____

_____

_____

词语注释

1. 若……则……

书面语,与"如果……就……"同义。

(1)若 A+B＝C,则 B＝C−A。

(2)若想取得成功,则需不断地努力。

2. 条件

影响事物发生、存在或者发展的情况、状况。

(1)既然没有经济和地域条件,工厂就不要再扩大了。

(2)他具有当运动员的良好身体条件。

3. 意味

表示含有某种意义。不能单独作谓语,必须带"着"。

(1)农业实现机械化意味着劳动生产率的大大提高。

(2)科学的发展意味着人类的进步。

◀词语比较▶

"保证"与"保障"

动词"保障"的意思是确保,宾语多是名词或名词性词语,如"人民、财产、权利、生命安全"等;"保证"除了确保外,还有"保证做到"的意思,宾语多是动词或动词性词语,如"完成任务""丢不了"等。

(1) 只要有足够的工人和材料就能保证工程按时完成。

(2) 我向你保证,这个任务一定能完成。

(3) 婚姻法保障了女性的合法权利。

(4) 为保障人民生命财产的安全,必须作好防汛工作。

◀词语练习▶

用课文中出现过的词语填空

1. 物体(　　)温度升高,(　　)体积变大。

2. 垃圾在土壤中会慢慢(　　)。

3. (　　)想使粒子运动加快,(　　)可以用加热的办法。

4. 化学反应发生(　　)新产物的形成。

5. 一定要(　　)在九月以前顺利完工。

6. 不进步就(　　)落后。

7. 提高溶液中反应物的浓度就(　　　)增加了粒子的数量,(　　　)增加粒子碰撞的频率。

 **快速阅读**

阅读1

苍蝇为何不生病?

苍蝇(cāngying fly)经常出没于相当肮脏的地方,身上携带了大量病菌。据观察,一只苍蝇的体表有600万个病菌,肠道里的病菌多达2 800万个。在肮脏的地区,苍蝇身上的细菌更多,甚至达到5亿个。

身上有那么多病菌,苍蝇却从没生过病,这是为什么呢?

昆虫学家发现当苍蝇吃了带有病菌的食物后,能在消化道内进行快速处理,迅速摄取营养,然后把没用的糟粕和病菌马上排出体外。整个过程,一般只需要7—11秒钟。病菌进入苍蝇体内还没来得及大量繁殖,就被排出体外了。这样快的速度,其他动物是无法比拟的，哺乳类动物从进食到排便，最快的也要几十分钟，有的甚至要好几个小时。

另外，苍蝇的免疫功能也相当强，它体内能产生多种抗病菌和抗病毒的物质。比如有一种"抗菌活性蛋白"，只要万分之一（1/10 000）的浓度，就可以将各种病毒和细菌杀死。还有一种"抗癌活性蛋白"，对癌（ái cancer）细胞有很强的抑制作用。

有这么多的绝招，难怪苍蝇不生病！

生词

1. 出没	（动）	chūmò	to appear and disappear
2. 无法比拟		wúfǎbǐnǐ	uncomparable
3. 排便	（动）	páibiàn	to defecate
4. 免疫功能		miǎnyì gōngnéng	function of immunity
5. 抗	（动）	kàng	to resist
6. 浓度	（名）	nóngdù	thickness; consistency
7. 抗菌活性蛋白		kàngjūn huóxìng dànbái	antibiotic active protein
8. 抗癌活性蛋白		kàng' ái huóxìng dànbái	anti-cancer active protein

阅读理解

根据课文内容选择正确答案（答案可能不止一个）

1. 一只苍蝇身上的病菌有多少？　　　　　　　　　　　　　　（　　）

    A 身体表面有2 800万个

    B 肠道里有600万个

    C 身体表面和体内一共有5亿个

    D 有些地方的苍蝇身上有5亿个

2. 苍蝇有那么多病菌，为什么不会生病？　　　　　　　　　　（　　）

    A 病菌在苍蝇身上的时间太短　　　　　　B 苍蝇可以杀死病菌

    C 苍蝇身上的病菌不会繁殖　　　　　　　D 病菌对苍蝇无害

3. 关于苍蝇消化道处理病菌的能力，下面正确的说法有　　　　（　　）

    A 处理病菌的速度是动物之中最快的

    B 把病菌排出体外以后再慢慢吸取营养

    C 苍蝇进食的速度非常迅速

    D 苍蝇从进食到排便只需几秒钟

4. 下面哪项说明苍蝇的免疫功能非常强？　　　　　　　　　　（　　）

　　A 体内能产生两种抗病菌和抗病毒蛋白

　　B 只要很少的"抗菌活性蛋白"就能把病菌杀死

　　C "抗癌活性蛋白"比癌细胞多

　　D "抗癌活性蛋白"和"抗菌活性蛋白"的功能一样

◀◀◀词 语 练 习▷

一、写出意思相近的词

抗病毒的功能——_____

不干净——_____

差距太大，不能比较——_____

时间够用——_____

二、根据构词法或上下文猜测词义

昆虫学家　　糟粕　　抑制　　绝招

_____

_____

▌阅读2

中　　和

电离时所生成的阳离子全部是氢离子的电解质叫做酸。盐酸（HCl）、硫酸（H_2SO_4）和硝酸（HNO_3）都属于酸类。

$$HCl + H_2O \rightarrow H^+(aq) + Cl^-(aq)$$

电离时所生成的阴离子全部是氢氧根离子的电解质叫做碱。氢氧化钠（NaOH）、氢氧化钾（KOH）、氢氧化钡（$Ba(OH)_2$）都属于碱类。一些碱可溶于水，它们被称为强碱。

$$NaOH + H_2O \rightarrow OH^-(aq) + Na^+(aq)$$

当强碱加到酸中，得到的产物呈中性，我们说酸和碱中和了。

$$NaOH + HCl \rightarrow NaCl(aq) + H_2O(I)$$

溶液的酸碱强弱可用pH值来衡量。pH7为中性，pH0—6为酸性，数值越小，酸性越强；pH8—14为碱性，与酸性相反，数值越大，碱性越强。

中和反应在工业、农业、甚至医学上都十分重要。如果土壤（tǔrǎng soil）是中性或弱碱性，大多数植物都会长得更好。于是人们常用石灰（氢氧化钙 $Ca(OH)_2$）中和酸性土壤；人体胃里产生盐酸，但是盐酸太多会引起肠胃不适，这样可通过服用碳酸镁（$MgCO_3$）等碱性药物来治疗；黄蜂（huángfēng wasp）针毒是碱性的，可使用酸（如家用醋）中和，减轻针毒症状。

（改编自《牛津图解中学科学》）

生词

1. 中和	（动）	zhōnghé	to counteract; to neutralize
2. 电离	（名）	diànlí	ionization
3. 阳（阴）离子	（名）	yáng (yīn) lízǐ	cation (anion)
4. 电解质	（名）	diànjiězhì	electrolyte
5. 衡量	（动）	héngliáng	to weigh; to scale
6. 治疗	（动）	zhìliáo	to cure; to treat
7. 症状	（名）	zhèngzhuàng	symptom

注：HCl 读为盐酸

　　H_2CO_3 读为碳酸

　　H_2SO_4 读为硫酸

阅读理解

一、回答问题

1. 根据课文的定义，下面哪些是酸？哪些是碱？

　　H_2S　　　H_3PO_4　　　NaH_2PO_4　　　$Mg(OH)_2$　　　$Cu_2(OH)_2CO_3$　　　$Fe(OH)_3$

　　_____

　　_____

2. 请你写出 KOH 和 H_2CO_3 发生中和反应的化学式。

　　_____

　　_____

3. 请说说你知道的中和反应在工业、农业、医学上的应用。

　　_____

二、根据课文内容连线

pH2	中性
pH7	弱酸
pH12	强酸
pH9	强碱
pH6	弱碱

阅读3

隔夜茶不宜喝

　　一般来说,茶第一次冲泡有50%—60%的浸出物,像氨基酸、糖、茶多酚、咖啡碱等进入茶水。第二次冲泡又可浸出30%,第三次冲泡能再浸出10%。茶叶冲泡了三四次以后,能浸出的差不多就都已浸出,而部分茶多酚和微量元素是最后浸出的。隔夜茶放置时间长,其中茶多酚含量高,茶味已经不正了。

　　另外,随着茶叶冲泡时间的增长,维生素C会逐渐分解,尤其在茶冲好的最初3个小时,维生素C的分解非常显著。维生素C是茶叶中的主要抗氧化剂,可以阻止N-亚硝基(R1 (R2)=N-N=O)致癌物在人体内的生成。所以维生素C全部消失后,茶水中只有茶多酚和微量元素锌(Zn)和硒(Se)联合作战来抗癌了。

　　再者,隔夜时间过久,茶里的蛋白质和糖类会滋生细菌,如要饮用最好再煮一次。如果茶水不断氧化,以致变味发馊,就不能再喝了。

（改编自《身边的化学》）

生词

	1. 冲泡	（动）	chōngpào	to steep
	2. 氨基酸	（名）	ānjīsuān	amino acid
	3. 茶多酚	（名）	cháduōfēn	green tea polyphenols
	4. 微量元素		wēiliàng yuánsù	microelement
	5. 抗氧化剂	（名）	kàngyǎnghuàjì	antioxidant
	6. 滋生	（动）	zīshēng	to grow
	7. 发馊	（动）	fāsōu	to get sour

阅读理解

一、根据课文内容填空

_____茶叶冲泡时间的增长,维生素C会_____分解,尤其在茶冲好的最初3个小时,维生素C的_____非常显著。维生素C是茶叶中的主要抗氧化剂,可以阻止N-亚硝基致癌物在人体内的_____。

二、回答问题

1. "隔夜茶"的意思是什么?如此类推,"隔夜饭菜"又是什么意思?

_____

_____

_____

2. 文章从几方面解释为什么隔夜茶不宜饮用?

_____

_____

_____

3. 随着冲泡次数的增加,浸出物越来越多还是越来越少?

_____

_____

_____

4. 导致隔夜茶味道不正的原因是什么?

_____

_____

_____

5. 茶叶中的维生素C的作用是什么?冲泡多久的茶维生素C含量显著?

_____

_____

_____

_____

▶▶阅读新知

「词的构成（二）」

1. 度——加在形容词后，指程度

| 浓度 | 湿度 | 深度 | 高度 |

2. 状——表形状，状态

| 粒状 | 块状 | 片状 | 粉末状 |

3. 剂——某种起化学作用或物理作用的东西

| 催化剂 | 抗氧化剂 | 试剂 | 消毒剂 |

4. 率——比率，比值

| 速率 | 汇率 | 税率 | 出生率 |

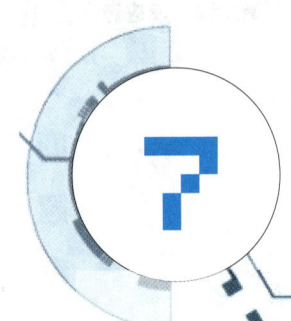

第七课 口渴的隐形眼镜

你想摘下挡住美丽眼睛的眼镜吗？你想丢掉妨碍你在运动场上大显身手的厚"瓶底"吗？你想改变形象拥有蓝色的眼睛吗？一副隐形眼镜便可以满足你的这些愿望。

小小隐形眼镜能替代厚厚的镜片，秘密究竟是什么呢？

原来，制造隐形眼镜的材料聚甲基丙烯酸羟乙酯，是一种吸水性树脂（shùzhī colophony），它的吸水量是自身重量的20多倍，有一定的透气性，可以附在眼球上，又能保持眼睛的正常供氧。它还具有亲水性，与水接触会变得非常柔软，配戴起来不会有不适的感觉。

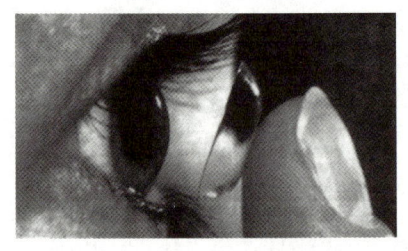

其实，除了聚甲基丙烯酸羟乙酯以外，还有更神奇的吸水性树脂，它们的吸收水量更大，可以吸收比自身重量大几百倍至上千倍的水。比如将20克白色粉粒状的丙烯酸类高吸水性树脂放到一张白纸上，然后将两大杯近3 000毫升的水慢慢倒在白粉粒上，这些白粉粒就能奇迹般地像海绵（hǎimián sponge）一样将水全部吸收，滴水不流，连下面的白纸也不沾湿。与海绵不同的是，它吸水膨胀后即使加压，也很难把水挤出。

高吸水性树脂的应用范围相当广，可以做农业的土壤保水剂，做食品的保鲜材料，建筑业的上水剂，在医学上做卫生材料，如婴儿纸尿布（zhǐniàobù nappy）、人造皮肤等。

在我国，干旱和半干旱面积占全国陆地面积的52.5％，荒漠化面积已达262万平方千米，而且荒漠化以每年约70平方千米的速度发展，高吸水性树脂将会在农林业的抗旱保水方面发挥作用。

（改编自《e时代N个为什么——材料》）

 生 词

1. 隐形眼镜		yǐnxíng yǎnjìng	contact lenses
2. 形象	（名）	xíngxiàng	image

3. 透气	（形）	tòuqì	permeable
4. 附	（动）	fù	to attach
5. 供氧	（动）	gōngyǎng	to supply oxygen
6. 柔软	（形）	róuruǎn	soft
7. 奇迹	（名）	qíjì	miracle
8. 应用	（动）	yìngyòng	to apply
9. 保鲜	（动）	bǎoxiān	to keep fresh
10. 建筑业	（名）	jiànzhùyè	architecture industry
11. 荒漠化	（形）	huāngmòhuà	turning into desert
12. 聚甲基丙烯酸羟乙酯		jùjiǎjībǐngxīsuānqiǎngyǐzhǐ	chemical material
13. 丙烯酸类		bǐngxīsuānlèi	chemical material

阅读理解

一、根据课文内容选择正确答案（答案可能不止一个）

1. 制造隐形眼镜的材料的特点是：　　　　　　　　　　　（　　）

　　A 吸水性　　　　　　　　　　B 透气性

　　C 亲水性　　　　　　　　　　D 膨胀性

2. 课文题目"口渴的隐形眼镜"中"口渴"一词指的是：　　（　　）

　　A 吸水性　　　　　　　　　　B 透气性

　　C 亲水性　　　　　　　　　　D 膨胀性

3. 课文第一段中的"厚瓶底"的意思是：　　　　　　　　（　　）

　　A 隐形眼镜

　　B 高吸水性树脂

　　C 玻璃镜片

　　D 聚甲基丙烯酸羟乙酯

4. 关于高吸水性树脂的说法正确的是：　　　　　　　　　（　　）

　　A 可以吸收比自身重量大几百倍至上千倍的水

　　B 像海绵一样吸水膨胀，加压后可把水挤出

　　C 应用范围很广

　　D 可应用于我国农林业的抗旱保水工作

二、根据课文内容填空

1. 其实，_____聚甲基丙烯酸羟乙酯_____，_____有更神奇的吸水性树脂。

2. 将20克白色粉粒状的丙烯酸类高吸水性树脂放到一张白纸上，_____将两大杯近3 000毫升的水慢慢倒在白粉粒上，这些白粉粒就能奇迹_____地像海绵_____将水全部吸收，滴水不流，_____下面的白纸_____不沾湿。_____海绵不同的是，它吸水膨胀后_____加压，_____很难把水挤出。

3. 在我国，干旱和半干旱面积_____全国陆地面积的52.5％，荒漠化面积已_____262万平方千米，而且荒漠化_____每年约70平方千米的速度发展。

词 语 注 释

1. 拥有

表示对后加的名词具有领属权，名词多为数量较大的事物，如土地、人口、财产等。

（1）这个地区拥有大片的良田。

（2）中国拥有十三亿人口。

数量少的具体事物不能用"拥有"，应用"有"。

（3）我有一支水彩笔。

（4）他家有五口人。

2. 般

用在名词后面，"像……那样"的意思。

（1）今年的夏天像秋天般凉爽。

（2）直到现在，我仍然记得我的小学老师曾经像母亲般地照顾过我。

3. 与

用来引进比较的事物。意思和用法和"跟"相同，"跟"用于口语，"与"书面语色彩较浓。除了作介词以外，也可作连词，意思和用法跟"和"相同。

（1）今年与去年不同，考试的题目难多了。

（2）这篇文章的观点与那篇完全相反。

（3）有了圆心与半径就能决定一个圆。

（4）A地与B地之间的距离为800公里。

4. 占

A 占 B（+的分数/比例），常用来说明部分和整体的比例关系。

（1）水大约占人体重量的60％。

（2）做作业占了我大部分的课余时间。

5. 以

表示动作、行为的方式。

（1）火车以120公里/小时的速度行驶着。

（2）他以诚恳的态度得到了大家的信任。

))) 词语比较

"应用"与"使用"

"应用"为适用某种需要而使用，多用于抽象事物，如理论、原理、观点、技术等；"使用"多为习惯性的、一般性的"用"。

（1）我们应该把学到的知识应用到实际生活中。

（2）这项研究成果还没得到广泛的应用。

（3）使用本民族的语言最亲切。

（4）电灯的使用时间约为一千小时。

))) 词语练习

一、写出几个含相同语素的词

保——保水剂 　　　　保鲜

化——荒漠化 　（　　　）　　　　（　　　）

剂——上水剂 　（　　　）　　　　（　　　）

业——建筑业 　（　　　）　　　　（　　　）

性——透气性 　（　　　）　　　　（　　　）

二、用括号中的词改写句子

1. 小王在这次乒乓球比赛中表现非常好。（大显身手）

2. 这个医院的医疗设备非常先进。（拥有）

3. 现在火车行驶的速度是120公里/小时。（以）

4. 她的声音像银铃一样动听。（般）

5. 我们可以用保险丝或断电开关来确保用电安全。(使用)

_____

6. 有些元素因为具有良好的性能和奇特作用而被广泛用到食品、药品等多个领域中去。
(应用)

_____

7. 中国人口是世界人口的1/5。(占)

_____

快速阅读

阅读1

拯救生命的汽车安全气囊

汽车越来越多,是好事还是坏事? 对处理交通事故的警察来说,他们可能认为车多不是好事,因为车毁人亡的悲剧实在太多了。

当然因为车祸而控制汽车数量的做法是不可取的,提高汽车的安全性便成了汽车工程师的重要任务。

美国机械师约翰·赫曲克发明的安全气囊,拯救了无数人的生命。通用汽车公司生产的家庭经济型轿车因配置了安全气囊而广受欢迎。

安全气囊由传感器、气体发生器和气囊三部分组成。汽车一旦发生碰撞,安装在汽车前端的碰撞传感器和汽车中部的安全传感器就收集到受撞信息,电脑立即进行分析,一旦超过设定极限值,电脑就向电热点火器发出信号,在0.05秒的时间内引燃固体爆炸物,释放出氮气,在几毫秒(háomiǎo millisecond)至几十毫秒的时间内完成向气囊充气,充气气囊瞬时弹出,保护司机和坐在副驾驶(fùjiàshǐ vice driver)座上的人员。如果安全气囊加上安全带(ānquándài safety belt),那么安全措施就更有保障了!

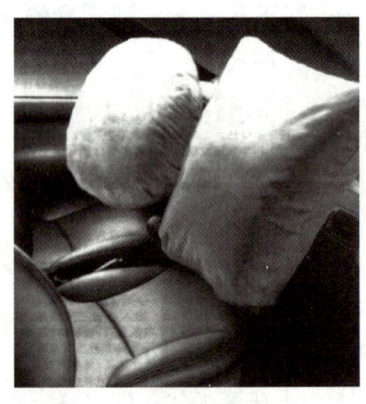

(改编自《e时代N个为什么——材料》)

生词

1. 拯救	(动)	zhěngjiù	to save
2. 安全气囊		ānquán qìnáng	safe gasbag

3. 事故	（名）	shìgù	accident
4. 车毁人亡		chēhuǐ-rénwáng	vehicle ruins and people die
5. 悲剧	（名）	bēijù	tragedy
6. 经济型	（形）	jīngjìxíng	economic
7. 配置	（动）	pèizhì	to deploy; to scheme
8. 传感器	（名）	chuángǎnqì	sensor
9. 设定	（动）	shèdìng	to enact
10. 极限	（名）	jíxiàn	high point; limit

专名

约翰·赫曲克	Yuēhàn Hèqūkè	name

阅读理解

一、根据课文内容填空

安全气囊＿＿＿＿＿传感器、气体发生器和气囊三部分＿＿＿＿＿。汽车＿＿＿＿＿发生碰撞，安装在汽车前端的碰撞传感器和汽车中部的安全传感器就＿＿＿＿＿到受撞信息，电脑立即进行分析，一旦超过＿＿＿＿＿极限值，充气气囊就会＿＿＿＿＿弹出，＿＿＿＿＿司机和坐在副驾驶座上的人员。如果安全气囊加上安全带，那么安全措施就更有＿＿＿＿＿了！

二、判断正误

1.（　　）作者认为控制汽车数量来减少车祸的做法是对的。
2.（　　）安全气囊是英国机械师约翰·赫曲克发明的。
3.（　　）安全气囊由传感器、气体发生器和气囊三部分组成。
4.（　　）碰撞传感器和安全传感器安装在汽车的前端。
5.（　　）遇到危险情况，安全气囊将在极短的时间内释放出氮气。
6.（　　）安全气囊最多只能保护车上两名乘车人员。

三、请画图描述安全气囊的工作程序

词语练习

写出意思相近的词

1. 救助——_____

2. 分配并布置——_____

3. 应该做的,值得做或值得学习的——_____

4. 意外的损失或很不幸运的事情——_____

阅读 2

纳米材料和纳米科学

米、厘米、毫米作为长度单位最为常见,更小的单位是微米,比微米再小的单位就是纳米了。

1纳米是1毫米的百万分之一,几十万纳米加在一起才有头发丝般粗细。纳米材料科学是一门新兴的尖端学科,而纳米物质却早已存在,只是当时人们还没认识罢了。科学家们发现,有些动物具有远距离的定向定位能力,一个共同的秘密就是在它们体内有一种磁性纳米微粒,正是这种磁性纳米微粒和地球磁场的作用,使它们不会迷路。千年古镜为什么能依然光可鉴人?古猿人的牙齿为什么至今仍光洁如初?专家说这是因为它们的表层都有一层纳米微晶。

只要人们对纳米材料有了充分的认识,就完全可以把它应用到各行业中去。光彩夺目的金属被切割成纳米微粒后,就变成黑金,因为它吸收了可见光而成为太阳黑体,用这类材料做隐型飞机(yǐnxíngfēijī invisible airplane)是再好不过了。普通陶瓷(táocí pottery; porcelain)坚硬易碎,而当我们把制造陶瓷的原料粉碎成纳米微粒后,再制成纳米微晶,陶瓷就像金属一样可弯曲变形。

目前微电子技术已经走到极限,无法再微小下去了,只有纳米才能使科学技术超微型化。世界各国对纳米材料科学的研究,将成为21世纪研究的核心。

(改写自《改变人类的科学活动》)

生 词

1. 纳米	(名)	nàmǐ	namometer
2. 尖端	(形)	jiānduān	sophisticated
3. 磁场	(名)	cíchǎng	magnetic field
4. 微晶	(名)	wēijīng	micro-crystal
5. 切割	(动)	qiēgē	to incise
6. 粉碎	(动)	fěnsuì	to smash; to crush
7. 核心	(名)	héxīn	core
8. 微电子技术		wēidiànzǐ jìshù	microeletronic technology

◀◀◀ 阅 读 理 解 ▷

回答问题

1. 什么是纳米？

_____

_____

2. 请举例说明纳米物质早已存在的事实。

_____

_____

3. 隐型飞机的材料是怎样制造出来的？

_____

_____

4. 你见过像金属一样可弯曲变形的陶瓷吗？它是怎样制成的？

_____

_____

_____

5. 介绍一下你们国家的纳米技术的应用情况。

_____

_____

_____

◀◀◀ 词 语 练 习 ▷

一、试解释下列词语

常见——_____

光可鉴人——_____

光洁如初——_____

光彩夺目——_____

再好不过——_____

阅读3

绿色能源

20世纪下半叶,面对汽车排放的有毒气体,还有酸雨、光化学烟雾,人类越来越关心自己生存的环境。"绿色能源"这个名词在近几年逐渐风行起来。

所谓绿色能源,是指不产生有害排放物,如一氧化碳、二氧化碳、二氧化硫等,对空气不构成污染或污染很少的能源。它们包括太阳能、风能、潮汐能(cháoxīnéng tide energy)、地热能、氢能和核能等。核能有放射污染,但只要设计得当,遵守操作规程,保证反应堆的安全,就可以避免放射性污染。

可以看出,绿色能源已不再是字面上的意义了。一切绿色生物在燃烧时会产生二氧化碳等有害气体,反而不能算绿色能源。

现在世界上仍然以煤(méi coal)和石油作为主要能源,它们会排放有害气体,污染环境,不是绿色能源,但目前绿色能源的开发利用成本很高,要做到全部使用绿色能源需要一个较长的过程。

(改编自《身边的化学》)

生词

1. 下半叶	(名)	xiàbànyè	latter fifty years
2. 酸雨	(名)	suānyǔ	acid rain
3. 光化学烟雾		guānghuàxué yānwù	photochemical smog
4. 风行	(动)	fēngxíng	to be in popular
5. 核能	(名)	hénéng	nuclear energy
6. 反应堆	(名)	fǎnyìngduī	reactor
7. 成本	(名)	chéngběn	cost

阅读理解

根据课文内容填空

1. 日常生活中,我们身边的环境污染有_____。

2. "绿色能源"是指_____的能源。

3. 绿色生物_____,反而_____绿色能源。

4. 目前所谓的绿色能源包括_____,只要_____,核能也是绿色能源。

5. 由于绿色能源_____,所以不能在短期内替代现有能源。

阅读新知

「比较的表达方式」

一、表示事物相同

A跟（与/和）B一样（相同）

A有B那么（这么）……

A相当于B

二、表示事物相近、相似

A跟（与/和）B相似（差不多）

三、表示事物不同

A跟（与/和）B不一样（不同）

四、比较程度的差别、高低

A比B……

A与B相比更（还）……

A没有B……

A不如B……

在……方面，A达不到B的程度

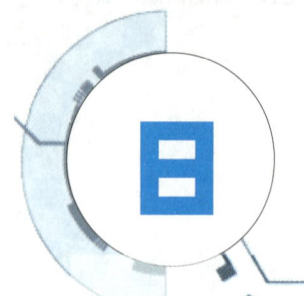

美是一种感觉，本来应该没有什么客观的标准。但在自然界里，物体形状的比例却在匀称与协调上提供了一种美感的参考。在数学上，这个比例被称之为黄金分割。

在线段（xiànduàn line）AB上，若要找出黄金分割的位置，可以设分割点为G，则G点要符合以下的特点：

$$AB : AG = AG : GB$$

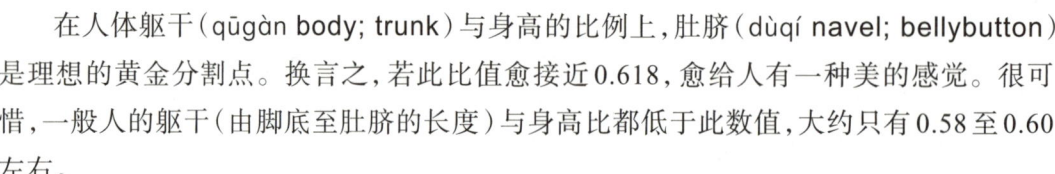

设　$AB = l$；$AG = x$，

则　$l : x = x : (l - x)$

即　$x^2 + lx - l^2 = 0$

解上式，并舍去负值，得 $x = ((-1 + \sqrt{5})/2) \times l = 0.618l$

由此求得黄金分割点的位置为线长（l）之0.618。

在人体躯干（qūgàn body; trunk）与身高的比例上，肚脐（dùqí navel; bellybutton）是理想的黄金分割点。换言之，若此比值愈接近0.618，愈给人有一种美的感觉。很可惜，一般人的躯干（由脚底至肚脐的长度）与身高比都低于此数值，大约只有0.58至0.60左右。

为了使身材看上去更美一些，爱美的女孩子纷纷穿上高跟鞋，以此增长下半部分躯干的长度，使之与身高的比例接近0.618。设一女孩子的身高为160 cm，原来躯干与身高的比为0.6，即 $x : l = 0.60$，那么她应该穿多高的高跟鞋呢？如果高跟鞋的高度为 d，比例式应为：

$$(x + d) : (l + d) = (0.60l + d) : (l + d) = 0.618$$

把 $x : l = 0.60$ 和 $l = 160$ cm代入比例式，计算得出 $d \approx 7.62$ cm

很多人觉得看芭蕾舞（bāiléiwǔ ballet）是一

种美的享受,芭蕾舞演员美的秘密就在于表演的时候把脚跟踮起来了,使躯干增长6—8 cm,这个道理跟穿高跟鞋(gāogēnxié high-heel shoe)是一样的!

(改编自《生活中的数学》)

生词

1. 度量	(动)	dùliáng	to measure
2. 客观	(形)	kèguān	objective
3. 匀称	(名)	yúnchèn	symmetry
4. 协调	(名)	xiétiáo	harmony
5. 参考	(名)	cānkǎo	reference
6. 之	(助)	zhī	of
7. 设	(动)	shè	to suppose
8. 则	(副)	zé	so
9. 舍	(动)	shě	to abandon
10. 愈……愈……		yù……yù……	more ... more ...
11. 此	(代)	cǐ	this
12. 黄金分割		huángjīn fēngē	golden section

阅读理解

一、根据课文内容填空

1. 黄金分割使人们在比例和协调上有_____。

2. 黄金分割点的位置应在线长的_____上。

3. 肚脐位置是人体_____。

4. 一般人的躯干与身高的比_____黄金分割点的比例要求。

5. 我们觉得芭蕾舞很美,是因为_____。

二、请你解释下面句子中加点词指代的名词或名词短语是什么

1. 在人体躯干与身高的比例上,肚脐是理想的黄金分割点。换言之,若此比值愈接近0.618,愈给人有一种美的感觉。很可惜,一般人的躯干与身高比都低于此数值,大约只有 0.58 至 0.60 左右。

2. 为了使身材看上去更美一些,爱美的女孩子纷纷穿上高跟鞋,以此增长下半部分躯干的长度,使之与身高的比例接近0.618。

_____

三、如果你是女孩儿,计算一下你应该穿多高的高跟鞋?

_____

_____

_____

◀▶ 词语注释 ▷

1. 之

代替人或事物,相当于"它",书面语。

（1）广州四季鲜花盛开,因而称之为"花城"。

（2）看过这部电影的人无不为之感动。

还可介绍修饰语给中心语,相当于"的"。

（3）孩子是父母的希望之光。

（4）我学习英语已达五六年之久。

2. 换言之

用另一种说法。

（1）东西越少越贵,换言之,物以稀为贵。

（2）秋天下过雨后天气就会变得更冷,换言之,一场秋雨一场凉。

3. 愈……愈……

与"越……越……"相同,书面语,表示程度的加深。

（1）真理愈辩愈明。

（2）他的汉语愈说愈好。

4. 由……至……

"从……到……"的意思,多用于书面,表示从起点到终点。

（1）中国由南至北有热带、温带、寒带的不同植物。

（2）这栋楼由二楼至五楼都是办公室。

5. 比例式的读法举例

AB ∶ AG＝AG ∶ GB　　读为：AB 比 AG 等于 AG 比 GB

词 语 练 习

一、用课文中出现的词语填空

1.（　　　）靠近元素周期表左边的元素金属性（　　　　）强。（　　　　　），在表上，
（　　　　）左（　　　）右元素的金属性渐弱。

2. 游客们（　　　　）购买纪念品留念。

3. 听音乐是一种（　　　　　）。

4. 建楼时也要考虑和周围环境相（　　　　　）。

二、请读出以下比例式

1. 8 ∶ 4 ＝ 2 ∶ 1

———————————————————————————————————

2. 这场比赛我们队以 3 ∶ 1 取得了胜利。

———————————————————————————————————

3. 这幅地图的比例尺为：1 ∶ 50 000

———————————————————————————————————

 快速阅读

阅 读 1

球和穹隆建筑

球在美学和建筑学中都占有重要地位。

近几十年来，球形的穹隆建筑在世界各地被广泛采用。这种建筑建设时间短、用料省、坚固美观。

穹隆建筑的"穹隆"是指圆球形的顶，它是用许多细短的杆件（gānjiàn pole）构成的。严格地说，穹隆并不是一个真正的球体，而是由许多个多边形平面组成，杆件的交点都在球面上，实际上，它是一个球的内接多面体。

穹隆建筑是由美国建筑师富勒于1948年首先建成的。穹隆建筑也叫网格球顶。富勒最重要的贡献，在于他看到了多面体、球与建筑之间的联系，并把它应用在网格球顶上。由于网格球顶的结构更接近于球，它的性质更接近球的性质，具有同体积下表面

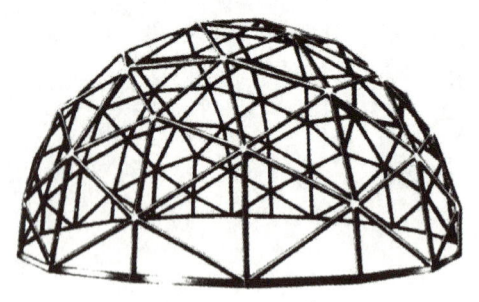

积最小的特点，因此，网格球顶建筑比其他形式的建筑节省建筑材料。又由于网格球顶在拼接时用了很多三角形，而三角形具有稳定性，所以网格球顶建筑又有结实、不容易变形的特点。

（选自《探索形状的奥秘Ⅰ》）

生 词

1. 穹隆建筑		qiónglóng jiànzhù	arched roof building
2. 坚固	（形）	jiāngù	firm
3. 平面	（名）	píngmiàn	plane
4. 交点	（名）	jiāodiǎn	point of intersection
5. 多面体	（名）	duōmiàntǐ	polyhedron
6. 贡献	（名）	gòngxiàn	contribution
7. 结构	（名）	jiégòu	structure
8. 拼接	（动）	pīnjiē	to piece together; to patch up
9. 三角形	（名）	sānjiǎoxíng	triangle

专 名

富勒	Fùlè	name

阅 读 理 解

一、根据课文内容选择正确答案（答案可能不止一个）

1. 球形的穹窿建筑在世界各地被广泛采用的原因是 　　（　　）

　　A 建设时间短

　　B 是一个真正的球体

　　C 用料省

　　D 坚固美观

2. 穹窿建筑的"穹窿"是 （　　）

　　A 圆球形的顶

　　B 用许多长杆件构成的

　　C 由许多个多边形平面组成

　　D 一个球的外接多面体

3. 网格球顶建筑比其他形式的建筑节省建筑材料,原因是: （　　）

　　A 它在拼接时用了很多三角形

　　B 它是由许多个多边形平面组成的

　　C 它的结构接近于球,性质与球的性质相近,具有同体积下表面积最小的特点

　　D 它是一个球的内接多面体

4. 网格球顶建筑为什么具有结实、不容易变形的特点? （　　）

　　A 具有同体积下表面积最小的特点

　　B 它是一个球的内接多面体

　　C 它是一个真正的球体

　　D 网格球顶在拼接时用了很多三角形,具有三角形稳定的特性

二、根据课文内容填空

1. 近几十年_____,球形的穹窿建筑在世界各地_____广泛采用。

2. 严格地说,穹窿并_____一个真正的球体,_____由许多个多边形平面组成,杆件的交点都在球面上。_____上,它是一个球的内接多面体。

3. 富勒最重要的贡献,_____他看到了多面体、球与建筑_____的联系,_____把它应用在网格球顶上。

词 语 练 习

一、写出意思相近的词

圆顶的建筑——_____

不易坏的——_____

拼装连接在一起——_____

两条线相互交叉的地方——_____

不浪费——_____

相差不远——_____

有多个面的物体——_____

阅 读 2

书本背后ISBN的最后一个数字

为了方便处理与日俱增的书目，出版商一般都会用国际统一书号ISBN（International Standard Book Number）给书编号，然后用电脑来辨别。

ISBN由 10个数字组成的，前9个分成三组，分别表示示区域语言、出版社和书名的资料，最后一个数字用作检核。举例说，ISBN 0-451-52320-2的第一个"0"表示这是一本英文书，"451"和"52320"分别为某个出版社和那本书书名的代号，最后的"2"就是检核号码。若要知道这个用ISBN表示的书目是否有错，只需按下面的程序算出最后的数字，看是否相符就行。

〈程序一〉算出前面9个位值的总和。第一个数字的位值为10，第二个数字的位值为9，如此类推。

$$
\begin{array}{rcl}
\text{数字} & & \text{位值} \\
0 & \times\ 10 & = 0 \\
4 & \times\ 9 & = 36 \\
5 & \times\ 8 & = 40 \\
1 & \times\ 7 & = 7 \\
5 & \times\ 6 & = 30 \\
2 & \times\ 5 & = 10 \\
3 & \times\ 4 & = 12 \\
2 & \times\ 3 & = 6 \\
0 & \times\ 2 & = 0 \\
\hline
& & 141
\end{array}
$$

〈程序二〉算出总和除以11后所得的余数。

$$141/11=12\cdots\cdots\cdots\cdots\cdots9（余数）$$

〈程序三〉将11减去所得的余数，就是检核数值。检核数值如果是一位数值，可以直接写出来，如果是两位数字，用X表示。

$$11-9=2$$

由此可见，编号ISBN 0-451-2320-2是正确的。

最后的数字作为检核之用，具有重要的意义。如果前面有一个数字错了，又没有最后的检核数字作复核，书目就不准确了。

（选自《生活中的数学》）

ⅢⅣ 生 词 ⊫

1. 与日俱增		yǔrì-jùzēng	grow day by day
2. 出版商	（名）	chūbǎnshāng	publisher; bookman
3. 辨别	（动）	biànbié	to distinguish
4. 区域	（名）	qūyù	region; area
5. 是否	（副）	shìfǒu	if; whether or not
6. 相符	（动）	xiāngfú	to match
7. 总和	（名）	zǒnghé	sum
8. 余数	（名）	yúshù	remainder; arithmetical compliment

ⅢⅣ 阅 读 理 解 ⊫

一、根据课文内容判断正误

1. (　　　) 国际统一书号ISBN的作用是让电脑容易辨别。

2. (　　　) ISBN由10个数字组成，要知道是哪个出版社出的书应该看第二个数字。

3. (　　　) 书本背后ISBN的最后一个数字要通过多次计算才能得出。

4. (　　　) ISBN最后一组数字不可能是两位以上的。

5. (　　　) 如果计算得出的数字跟ISBN的最后一个数字不相符，这本书可能不是正版书。

二、请你按照课文介绍的方法计算ISBN的最后一个数字

1. 7-100-03538-(　　　)

2. 7-5619-0276-(　　　)

ⅢⅣ 词 语 练 习 ⊫

试用汉语解释词义

与日俱增——＿＿＿＿＿＿＿＿＿＿＿＿＿＿＿＿＿＿＿＿＿＿＿＿＿＿

如此类推——＿＿＿＿＿＿＿＿＿＿＿＿＿＿＿＿＿＿＿＿＿＿＿＿＿＿

由此可见——＿＿＿＿＿＿＿＿＿＿＿＿＿＿＿＿＿＿＿＿＿＿＿＿＿＿

复核——＿＿＿＿＿＿＿＿＿＿＿＿＿＿＿＿＿＿＿＿＿＿＿＿＿＿＿＿

阅读 3

金字塔中的谜团

　　埃及的金字塔是世界七大奇迹之一。埃及有许许多多个金字塔，现存的最大的、保存最好的是胡夫金字塔。胡夫金字塔是由 270 万块经过加工的大石块构成，原高为 146.6 米，现高 138 米；底边原长为 230.364 米，现长为 220 米。

　　金字塔的形状大多是正四棱锥形（zhèngsìléngzhuīxíng four-pyramid shape）的，胡夫金字塔也不例外。正四棱锥底面是正方形（zhèngfāngxíng square），四个侧面是相同的等腰三角形（děngyāo sānjiǎoxíng isosceles triangle）。胡夫金字塔的侧面与底面的夹角是 52°。尽管胡夫金字塔十分巨大，但它的四条底边几乎完全相等，误差小于 1%，竟然比现代的办公大楼还要小。

　　更奇妙的是，地球与太阳之间的平均距离为 14 659 万千米。天文学上把这叫做 1 个天文单位。将胡夫金字塔的原高 146.6 乘以 10 亿（10^9），乘积与 1 个天文单位相差无几。胡夫金字塔的总重是 6 000 万吨，乘以 10^{15} 后等于地球的重量。还有，经考察推算，胡夫金字塔的南北中心线与当时的地球子午线只差 0.6 秒，穿过胡夫金字塔的子午线正好把陆地和海洋平分为两半。而胡夫金字塔内的直角（zhíjiǎo right-angled）三角形厅室，各边之比为 3：4：5，恰好是勾股定理的典型。

　　难道 5 000 多年前的修建者就懂得这么多科学定理？否则，难道都是巧合（qiǎohé coincidence）？现在这些谜团仍然没有人能回答。

（选自《探索形状的奥秘Ⅱ》）

生词

1. 谜团	（名）	mítuán	riddle
2. 金字塔	（名）	jīnzìtǎ	pyramid
3. 底面	（名）	dǐmiàn	underside
4. 夹角	（名）	jiājiǎo	nipped angle
5. 乘积	（名）	chéngjī	product
6. 考察	（动）	kǎochá	to examine; to inspect
7. 子午线	（名）	zǐwǔxiàn	meridian
8. 勾股定理		gōugǔ dìnglǐ	pythagorean theorem

专名

1. 埃及	Āijí	Egypt
2. 胡夫金字塔	Húfū Jīnzìtǎ	Pyramid of Khufu

阅读理解

一、根据课文内容选择正确答案（答案可能不止一个）

1. 关于胡夫金字塔的说法正确的是　　　　　　　　　　　　　（　　）

    A 是世界七大奇迹之一

    B 不是正四棱锥形的

    C 原高为138米，底边原长为230.364米

    D 是现在能看到的最大的金字塔

2. 与 "误差" 相近的词是　　　　　　　　　　　　　　　　　（　　）

    A 错误　　　　　　　　　　　B 偏差

    C 差别　　　　　　　　　　　D 差不多

3. 胡夫金字塔的重量是　　　　　　　　　　　　　　　　　　（　　）

    A 6 000 吨　　　　　　　　　B 跟地球的重量差不多

    C 是地球重量的 10^{15} 分之一　　D 最重的金字塔

4. 为什么5 000多年前的修建者能够建造雄伟的金字塔？　　　（　　）

    A 他们知道很多科学定理

    B 仅仅是巧合

    C 他们先建造金字塔，后来人们才发现科学定理

    D 不知道

二、根据课文内容填空

1. 埃及的金字塔是世界七大奇迹_____。

2. 胡夫金字塔是由_____万块经过加工的大石块构成，原高为_____米，现高138米；底边原长为230.364米，现长为_____米。

3. 正四棱锥底面是_____，四个侧面是相同的等腰_____。

4. 将胡夫金字塔的原高146.6_____10亿（10^9），乘积与_____相差_____。

5. 胡夫金字塔的南北_____与当时的地球子午线只差0.6秒。

6. 胡夫金字塔内的直角三角形厅室，各边之比为3 ∶ 4 ∶ 5，恰好是_____的典型。

⫷ 阅读新知 ⪫

「书面语和口语词汇的对照」

科技类文章用词多以书面体为主，有自己的特有词汇，即科技词汇、专业术语等，也多用长句。书面语和口语词汇的对照请看下表：

书 面 语 体	口 语 语 体
与	和，跟
此	这
彼	那
于	在
为	是，作
之，其	它
之	的
设/若……则……	如果……那么……
愈……愈……	越……越……
由……至……	从……到……

请你从学过的课文中找出含有这些书面词语的句子。

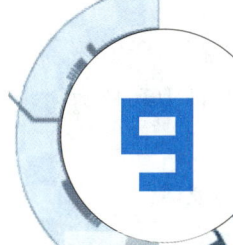

9 第九课 推省力还是拉省力

手推车既可推又可拉,推和拉在用力方向上与水平线的夹角如果是一样的,为什么有人用推的方式,有人用拉的方式呢? 究竟哪个更省力点?

以小车匀速运动(受合力为零)为例,下图为两种情况的小车受力分析图:

当用手推车时,由图1得

$$N = F_1\sin\theta + G$$
$$f = F_1\cos\theta$$

又 $f = \mu N \rightarrow f = \mu(F\sin\theta + G)$

所以, $\mu(F\sin\theta + G) = F\cos\theta \rightarrow F_1 = \mu G/\cos\theta - \mu\sin\theta$

同理,当用手拉车时,由图2得

$$F_2 = \mu G/\cos\theta + \mu\sin\theta$$

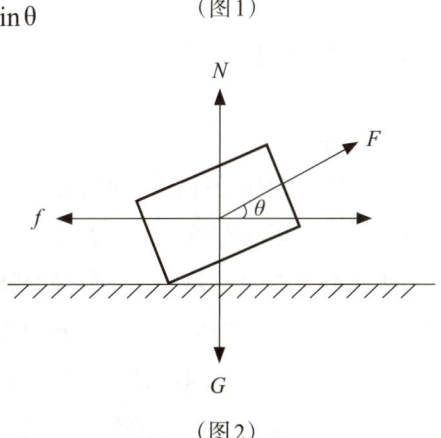

(图1)

(图2)

假设 $G = 500$ N, $\theta = 37°$, $\mu = 0.2$,则 $F_1 \approx 147$ N,而 $F_2 \approx 109$ N, F_1 大于 F_2,也就是说,拉比推省力。

其实,只看图,不计算,我们也能分析出这样的结果。根据合力为零的原则,要车子前进,就得克服阻力。省力不省力,要看车轮受到的阻力有多大。在地面条件相同的情况下,车轮对地面的压力越大,阻力就越大,阻力大就费劲。反过来,压力小,阻力就小,也就省力。

推车的时候,用力的方向指向斜下方,它产生两个分力,一个分力向前,用来克服阻力,使车匀速前进;另一个分力竖直向下,加大了车对地面的压力,使得阻力加大。

拉车的时候,用力的方向指向斜上方,也产生两个分力:一个向前用来克服阻力;另一个竖直向上,减小了车对地面的压力,从而使阻力减小。

因此,拉车的时候,需要克服的阻力小,就省力一些。

还有一种普通的情况,就是沿水平方向拉或推物体。这时推力和拉力都等于摩擦力,摩擦力只与地面的压力相关,而它们的压力等于物体的重力,所以这时推力和拉力大小一样。

(改编自《身边的物理学》)

生 词

1. 假设	(动)	jiǎshè	hypothesis; to suppose
2. 阻力	(名)	zǔlì	resistance
3. 费劲	(动)	fèijìn	to need great effort
4. 斜	(形)	xié	tilted; inclined
5. 沿	(介)	yán	along; to follow
6. 摩擦力	(名)	mócālì	friction
7. 重力	(名)	zhònglì	gravity
8. 与……相关		yǔ……xiāngguān	to correlate

注:三角函数在汉语中的读法是从外语直接音译过来的,如 sin 读"赛因";cos 读"扣赛因"。

阅 读 理 解

一、判断正误

1. (   )在地面条件相同的情况下,车轮对地面的压力越小,阻力就越小,阻力小就省力。

2. (   )推车的时候,用力的方向指向斜下方,它产生两个分力,一个分力向前,用来克服阻力,使车匀速前进;另一个分力竖直向上,加大了车对地面的压力,使得阻力加大。

3. (   )拉车的时候,用力的方向指向斜上方,也产生两个分力:一个向前用来克服阻力;另一个竖直向上,加大了车对地面的压力,从而使阻力减小。

4. (   )沿水平方向拉或推物体,这时推力和拉力都等于摩擦力,摩擦力只与地面的压力相关,压力等于物体的重力,这时推力和拉力大小一样。

二、看图用自己的话把课文里对推力和拉力的分析说一遍

_____

_____

_____

词语注释

1. 究竟

用在问句中,表示进一步追究,有加强语气的作用。

(1) 你究竟能跳多高?

(2) 你们班究竟有多少人?

2. 以……为……

表示 "把……当作……",前者是后者的标准或者前提。

(1) 足球比赛以进球多为赢。

(2) 这次考试以150分为满分。

3. 由

表示来源或由来。

(1) 代表由民主选举产生。

(2) 由科学计算可知地球与月球之间的距离。

4. 也就是说

与 "换言之" 意思相同,更口语化。

(1) 推时阻力更大,也就是说,推更费力。

(2) 飞机失事时生还率很低;也就是说,危险性更大。

5. 与……相关

书面语,表示 "和(跟)……有关系" 的意思。

(1) 压强与面积相关。

(2) 人的寿命与身高不相关。

词语练习

一、找出这一课含有 "力" 的名词

例:推力,拉力

_____

二、用本课中出现的词语填空

1. 根据合力为零的(　　　　　　),要车子前进,就得(　　　　　　)阻力。省力不省力,要看车

轮受到的阻力有多大。在地面条件相同的情况下,阻力大就(　　　　);(　　　　),压力小,阻力就小,也就(　　　　)。

2. 他(　　)奶奶(　　)原型写了本小说。

3. 到现在人们也不知道山洞里的壁画(　　　)是什么人画的。

4. (　　)着湖走就能看到学校的食堂。

5. 知识的多少(　　)年龄并不(　　　　)。

6. 青蛙是(　　)蝌蚪变来的。

三、找出下列词语的反义词,并用线连接起来

加大　　　　推　　　　省力　　　　合力　　　　水平

拉　　　　减小　　　　分力　　　　竖直　　　　费劲

快速阅读

阅读 1

蓬 莱 仙 境

在青岛和蓬莱,经常会出现一种奇怪现象:在海面的远处,水天相接的地方,突然朦朦胧胧地出现一座陌生的城市,那里有高大的建筑、整齐的街道,还有来来往往的车辆。人们都很清楚,那里是大海,根本没有陆地,城市从哪儿来的呢?这种自然现象自古就有,古人解释不了原因,认为是神仙(shénxiān supernatural being)建造的,又由于经常出现在蓬莱,就把它称为"蓬莱仙境",也有人把它叫做"海市蜃楼"。

随着科学的发展,我们现在都知道,这是在光通过密度不同的物质时发生的折射现象。比如把一支筷子插入盛有水的玻璃杯中,你从外面看,筷子好像折成为两截。这就是因为光通过空气和水这两种密度不同的物质时发生了折射。

在海洋和沙漠(shāmò desert)的特定环境下,上层空气和下层空气的密度由于温度的差异而变化明显,当光在密度不同的空气中前进时,也会不断地发生折射现象。这样,光就不走直线了,而是不断拐弯,形成一条抛物线,把远方低于海平面的物体影像反射到半空中。人们往直线方向的远处望去,就看到在海面上出现一座城市了。

(改编自《探索形状的奥秘1》)

生词

1. 朦朦胧胧	（形）	méngméng-lónglóng	obscure; not clear
2. 密度	（名）	mìdù	density
3. 折射	（动）	zhéshè	to refract
4. 截	（动）	jié	to cut
5. 特定	（形）	tèdìng	special
6. 拐弯	（动）	guǎiwān	to turn the corner
7. 抛物线	（名）	pāowùxiàn	parabola
8. 海市蜃楼		hǎishì-shènlóu	name of a physical phenomenon

专名

1. 青岛	Qīngdǎo	name of a place
2. 蓬莱	Pénglái	name of a place

阅读理解

一、回答问题

1. "蓬莱仙境"跟什么一样指同一种自然现象？

_____

_____

_____

2. "蓬莱仙境"形成的物理原因是什么？

_____

_____

_____

3. 为什么"蓬莱仙境"会经常出现在海洋和沙漠的特定环境下？

_____

_____

_____

二、把下列词语按一定顺序组成一句话

1. 会 和 奇怪 出现 蓬莱 经常 现象 在 青岛 一种

_____

2. 发生 是 通过 现象 不同 这 密度 的 光 在 折射 的 时 物质

_____

3. 密度 空气 而 明显 和 下层 的 温度 差异 空气 上层 的 由于 变化

_____

三、请画出简单的物理示意图,表示"蓬莱仙境"的成因

◀◀ 词 语 练 习 ▷

请写出反义词

经常——_____   远处——_____

奇怪——_____   陆地——_____

朦朦胧胧——_____   陌生——_____

特定——_____   差异——_____

阅读 2

赤足行走好处多

保健医生和专家认为,都市(dūshì metropolis)人要保持健康的身体,应该与大地母亲常有肌肤之亲。因此,不管是大人还是小孩,最好每天赤足(chìzú bare foot)在草坪或沙滩(shātān beach)上行走半小时,散步、慢跑、快跑都行,这是最随意的一个保健方法,可刺激足底穴位,健身强体,而且赤足接触地面,可把人体积存的无用静电传导给大地。

人的身体是一个传导体,它能够吸收静电。尤其在气候干燥的地方,人体所积存的静电,可高达几百到几千伏特。在这种情况下,当人体接触到金属器材时就会有触电的感觉。

在科学技术发达的时代,人们的穿着大多含有化纤成分,再加上脚上的胶(jiāo plastic)底鞋,整个人被包裹得像一个绝缘体,人体所积存的静电,无法传导给大地。这样静电越积越多,如果没有地方"放电",它就会在人体内作怪,影响内分泌的平衡,干扰情绪,造成失眠、烦躁等。

我们平时总会有这样的感觉，当我们赤足走在沙滩上，或者躺在草地上，伸展开四肢，总会觉得特别舒服和清爽，这就是因为我们把体内无用的静电传导给大地的电磁场的缘故。为了你的身体健康，请多赤足走路。

（改编自《生活中的生物学》）

生词

1.	保健	（动）	bǎojiàn	health care
2.	穴位	（名）	xuéwèi	acupoint
3.	传导体	（名）	chuándǎotǐ	transmitter; conductor
4.	触电	（动）	chùdiàn	to get an electric shock
5.	化纤	（名）	huàxiān	chemical fiber
6.	绝缘体	（名）	juéyuántǐ	insulator; nonconductor
7.	失眠	（动）	shīmián	to suffer from insomnia
8.	内分泌	（名）	nèifēnmì	internal secretion; incretion
9.	电磁场	（名）	diàncíchǎng	electromagnetism
10.	伏特	（量）	fútè	volt

阅读理解

一、根据课文内容填空

1. 人的身体是一个传导体，它能够_____静电。_____在气候干燥的地方，人体所_____的静电，可高达几百到几千伏特。_____这种情况_____，当人体接触到金属器材时就会有触电的感觉。

2. 当我们_____走在沙滩上，或者躺在草地上，_____开四肢，总会觉得特别舒服和_____。

二、根据课文内容选择正确答案

1. 保健医生和专家建议哪些人最好每天赤足行走多长时间？ （ ）

A 大人 　　　　B 小孩

C 母亲 　　　　D 大人和小孩

2. "整个人被包裹得像一个绝缘体"是什么意思？ （ ）

A 人是绝缘体

B 包裹人的东西是绝缘体

C 人被绝缘的东西包裹,不能向外传导体内的电

D 以上都不对

3. "作怪"的意思是 （ ）

A 做不正常、不好的事情   B 奇怪

C 好像奇怪的人   D 鬼怪

4. "四肢"是指 （ ）

A 四个手指   B 胳膊和腿

C 身体   D 一种衣服

5. 跟"缘故"意思相近的词是 （ ）

A 原来   B 原因

C 所以   D 故事

阅读3

长裤做的救生圈

充气救生圈（jiùshēngquān life ring）之所以能浮在水面上,是因为制造材料具有不透气性,空气不会从缝隙溜走。有没有想过透气的衣料也可以做救生圈呢?

衣服的布料都是透气的,但弄湿后在水的表面张力的作用下,布料表面形成一层不透气的水膜,使得布料暂时具有了不透气的特性。遇到有人溺水等危急的情况,可用长裤做

一个临时救生圈。在两个裤管口各打一个结,再把整条裤弄湿,然后马上把长裤倒转,张开裤的腰围部分,迅速从空中向水面罩（zhào to cover）下,令裤管充满空气,随即在水中把腰围部分束紧,两个裤管便被空气鼓胀,成为救生圈了。

不过这只是作为临时性用途,要真正安全的话,还是得使用正规的救生圈。

（改编自《生活中的物理2》）

生词

1. 浮	（动）	fú	to float
2. 缝隙	（名）	fèngxì	aperture
3. 张力	（名）	zhānglì	tensile force
4. 水膜	（名）	shuǐmó	water film

5. 暂时	（副）	zànshí	for a while, transitorily; transitory
6. 溺水	（动）	nìshuǐ	to drown
7. 束	（动）	shù	to bundle; to sheaf

阅 读 理 解

一、根据课文内容填空

1. 充气救生圈的＿＿＿＿＿＿，是其能浮在水面上的原因。

2. 衣服的布料湿了以后表面＿＿＿＿＿＿，在＿＿＿＿＿＿的作用下，可以临时用作救生圈的材料。

3. 除了要把长裤弄湿以外，用长裤做救生圈还需要把＿＿＿＿＿＿和＿＿＿＿＿＿束好，不让空气溜走。

二、根据做救生圈的顺序给下面的句子编号

（　　）把整条裤弄湿

（　　）迅速从空中向水面罩下，令裤管充满空气

（　　）在两个裤管口各打一个结

（　　）把长裤倒转，张开裤的腰围部分

（　　）在水中把腰围部分束紧

词 语 练 习

一、请在课文中找出下列词语的反义词

沉——＿＿＿＿＿＿　　　　　干——＿＿＿＿＿＿

永久——＿＿＿＿＿＿　　　　安全——＿＿＿＿＿＿

收缩——＿＿＿＿＿＿　　　　打开——＿＿＿＿＿＿

缓慢——＿＿＿＿＿＿

二、在课文中找出下列词语的近义词

暂时——＿＿＿＿＿＿

随即——＿＿＿＿＿＿

令——＿＿＿＿＿＿

◀**阅读新知**▷

「**力 的 分 类**」

力的分类有多种，下表为按性质和效果进行的简单分类。

按性质	重力	zhònglì	gravity
	弹力	tánlì	elastic force
	磁力	cílì	magnetic force
按效果	拉力	lālì	pulling force
	压力	yālì	pressure
	张力	zhānglì	tension
	阻力	zǔlì	resistance
	向心力	xiàngxīnlì	centripetal force

第十课 互联网世界的电子地图——搜索引擎

 **课 文**

　　说到搜索引擎(sōusuǒyǐnqíng search engine)，我们把它比喻为互联网世界的电子地图。在日常生活中，你一定用过地图。使用时，只要知道或依据目的地及其周围的特征、参照物，即关键信息，再借助地图，就能找到想要到达的地方。与使用地图相似，搜索引擎依据所给的关键信息，为我们在广阔的互联网世界中迅速而简便地找到所需资料信息的所在地。它是为上网者特别设计的，是互联网上最常用、最实用、最简便的应用工具之一。搜索引擎的工作原理跟图书馆的检索系统相类似，但采用了多种计算机技术和人工智能技术，使信息分类、信息关联、关键信息建立和信息更新等搜索功能自动化。

　　使用搜索引擎时，最简单、直接、快速的方法是登录到像雅虎(www.yahoo.com)、Google (www.google.com)和百度(www.baidu.com)等专门从事信息搜索的网站上去，按照自己的需求，在这些网站相应的提示栏(tíshìlán hint column)中，以中文、英文或其他语言方式，输入关键字、词组、句或相关组合等，搜索引擎迅速对相关内容定位，并显示出所有相关信息以后，只要点击感兴趣的链接，就能轻松找到所需的资料信息。

　　当然，不同的搜索引擎，其页面风格(fēnggé style)、人机界面和应用方法都不完全相同。对于相同的关键信息搜索结果也可能不尽相同。使用哪个搜索引擎则取决于网站的功能特点及个人偏好(piānhào preference)。

（选自《原来如此——沟通世界的通信》）

生 词

1. 比喻	（动）	bǐyù	to compare
2. 参照物	（名）	cānzhàowù	object of reference
3. 依据	（介）	yījù	according to
4. 检索	（动）	jiǎnsuǒ	to search

5. 采用	（动）	cǎiyòng	to use; to adopt
6. 关联	（名）	guānlián	association
7. 更新	（动）	gēngxīn	to update
8. 登录	（动）	dēnglù	to log in
9. 组合	（名）	zǔhé	combination
10. 链接	（名）	liànjiē	interlinkage
11. 人机界面		rénjī jièmiàn	human machine interface

专名

| 雅虎 | Yǎhǔ | Yahoo, one of the search engines |

阅读理解

一、根据课文内容选择正确答案（答案可能不止一个）

1. 关于"搜索引擎"，说法正确的是： （　　）
   A 它被称为互联网世界的电子地图
   B 它能帮助我们在真实世界中找到需要的资料信息
   C 它是为迷路的人特别设计的
   D 它采用了多种计算机技术和人工智能技术

2. 使用搜索引擎时，专门从事信息搜索的网站有： （　　）
   A Google   B 雅虎
   C 百度   D 新浪

3. 登录专门从事信息搜索的网站后，要想找到所需的资料信息，需要： （　　）
   A 找到网站相应的提示栏
   B 显示出所有相关信息
   C 输入关键字、词组、句或相关组合
   D 点击感兴趣的链接

4. 使用不同的搜索引擎，对于相同的关键信息搜索结果： （　　）
   A 完全不同   B 完全相同
   C 不完全相同   D 不知道是否相同

5. 我们使用哪个搜索引擎,是根据: 　　　　　　　　　　　　　　(　　)

　A 网站的功能特点　　　　　　　B 网站的界面

　C 网站的页面风格　　　　　　　D 网站的应用方法

　E 个人偏好

二、根据课文内容填空

1. 在日常生活中,你一定用过地图。使用时,　　　　　　知道或依据目的地及周围的特征、参照物,即关键信息,　　　　　　借助地图,　　　　　　能找到想要到达的地方。

2. 与使用地图　　　　　　,搜索引擎依据所给的关键信息,为我们在广阔的互联网世界中迅速　　　　　　简便地找到所需资料信息的所在地。

3. 使用搜索引擎时,最简单、直接、快速的方法是　　　　　　到专门从事信息搜索的　　　　　　上去,　　　　　　自己的需求,在这些网站相应的提示栏,　　　　　　中文、英文或其他语言方式,　　　　　　关键字、词组、句或相关组合等,搜索引擎迅速对相关内容　　　　　　,并显示出所有相关信息以后,只要　　　　　　感兴趣的链接,就能轻松找到所需的资料信息。

◁◁ 词 语 注 释 ▷

1. 说到

用于引进话题,意思是"提起、谈到"。比较口语化。

(1) 说到化学,我们得从元素周期表谈起。

(2) 说到当今科技的迅猛发展,不能不提计算机在各个领域中的应用。

2. 借助

依靠别的人或事物的帮助。

(1) 这种气球借助风力可以飞行很远。

(2) 借助电子显微镜可以看清很小的物质构造。

3. 而

连词,连接两个意思相承、性质相近的词语。

(1) 这里的道路宽广而笔直。

(2) 做科学研究要细心而坚持不懈。

也可连接对立的两项,起转折作用,有"但是、却"的意思。

(3) 他说出了我想说而未说的话。

(4) 他们每天的生活繁忙而快乐。

词语辨析

1. 依据、根据、按照

依据	表示依从某种规定、方式或标准。"依据"的一般是国家的法规等大的方面。
根据	表示以某种事物作为前提。
按照	表示遵从某种规定、条件或标准。

例：（1）你们要一步一步按照规定程序做实验。

（2）依据当地的风俗习惯，除夕晚上都要守岁。

（3）根据学生要求，系里这个周末将组织郊游。

2. 采用、使用、应用

采用	是指认为合适而加以利用，多为在有多种选择情况下选取最适合的。
使用	是最一般的通常的用。
应用	多为新的原来未曾有过的使用，如新的研究成果等在生活的应用

例：（1）来稿一经采用，即寄稿费。

（2）新技术的应用大大提高了生产效率。

（3）学语言首先得学会使用词典。

词语练习

一、用适当词语填空

按照　　依据　　根据

1. 这些数字为制定明年的生产计划，提供了科学（　　　　　）。

2. 我想（　　　　　）这条蓝裙子的样子，再做一条花的。

3. （　　　　　）客观规律制定方针政策。

4. 我们的教学进度要（　　　　　）教学计划进行。

5. 警察也得（　　　　　）法律执行公务。

使用　　应用　　采用

1. 我们若（　　　　　）他的意见，老林就会反对。

2. 这些钱要好好（　　　　　），不能随便乱花。

3. 周老师的方法太复杂，我们不能（　　　　　）。

4. 化学（　　　　　）到实际生活的许多方面。

二、在课文中找出下列词语的近义词

1. 提起——_____
2. 重要——_____
3. 依靠——_____

4. 快速——_____
5. 特征——_____

快速阅读

阅读 1

智 慧 医 院

互联网和数字化已在众多行业带来了巨大的变革,医疗健康领域也不例外。医疗健康领域中最大的变革就是智慧医院的建立。智慧医院有五大特点,与病人就医体验密不可分的是"全流程重塑体验"(quánliúchéng chóngsù tǐyàn whole process reshaping experience)。

以后,病人到医院就诊前可以通过网络平台在线沟通,智慧医院系统会推荐合适的医生并协助预约。即使有的病人没有发现身体不适,也会在可穿戴设备(kěchuāndài shèbèi wearable device)或远程体感仪器(yuǎnchéng tǐgǎn yíqì remote somatosensory instrument)自动进行体检时,被提醒去医院检查。

在医院就诊时,智慧医院系统会自动为病人进行分诊,病人可以清晰地了解在何时,去何处,找谁看病。在诊疗室,医生会使用便携检测仪器(biànxié jiǎncè yíqì portable testing instrument)根据需要检测病人。这样的一站式诊疗,就不用病人到医院各个部门去重复排队来接受机器的检测。病人还可以戴上智能手环(zhìnéng shǒuhuán smart bracelet)检测身体情况,以便医生随时了解情况。总而言之,对病人的治疗会更快、更准和更有效。

在医院看完病后,病人会按时收到系统发送的吃药提醒,医生还可以在网上追踪了解病人的实时情况,灵活调整用药量。病人还会自动收到就诊报告,以便他们充分了解自己的病情。

智慧医院和现在的医院不同,它更贴心、更高效,而且能更方便地与其他医疗机构共享病情信息。智慧医院的医护人员将为患者提供更高质量的诊疗、更好的就医体验,并持续不断推动医疗服务创新。

(改编自《未来已来:智慧医院发展之路》)

生 词

| 1. 数字化 | (动) | shùzìhuà | to digitalize |
| 2. 推荐 | (动) | tuījiàn | to recommend |

3. 自动	（副）	zìdòng	automatically
4. 检测	（动）	jiǎncè	to detect
5. 提醒	（动）	tíxǐng	to remind

阅读理解

一、判断正误

1. （　　）"全流程重塑体验"是智慧医院唯一的特点。

2. （　　）通过智能可穿戴医疗设备，医生可以预测病人将来的健康情况。

3. （　　）接受系统分诊后，能与医生进行视频交流，不需要前往医院。

4. （　　）在诊治完成后，医院还可以对患者的病情进行跟踪。

5. （　　）病人的就诊报告需要去医院领取。

6. （　　）智慧医院的医护人员将为病人提供更好的就医体验和医疗服务。

二、回答问题

1. 与现在的情况相比，"全流程重塑体验"有哪些新改变？

_____

_____

_____

2. 信息化改变了医疗保健系统，除了"全流程重塑体验"，你还能想出有哪些可能的改变？

_____

_____

_____

词语练习

猜测词义

化——数字化　　电子化　　无纸化　　美化

_____

室——教室　　科室　　实验室　　家室

_____

医——医生　　医护　　医院　　医疗

系统——智慧医疗系统　　信息系统　　教育系统　　经贸系统

阅读 2

黑客盗用我们的手机

最近，IBM公司的研究人员发现：通过一种名为分区攻击的黑客技术，黑客可以在几分钟内克隆一些手机的SIM卡。他们可以使用这种克隆SIM卡打电话，并把通话费用记在受害人的账户上。

所谓分区攻击技术，是通过分析手机SIM卡中的电源波动，来推测存储在里面的安全编码（biānmǎ code）。不过，这种黑客技术只对第一代GSM手机有效，并需要一、两分钟才能复制SIM卡。

在一次国际专题（zhuāntí special topic）研讨会上，IBM的研究人员用一台电脑、一个SIM卡阅读器和一个软件程序进行了现场演示。软件程序向SIM卡提出七个特别"问题"。在回答这些问题时，SIM卡的电磁场会发生变化，电源也会出现波动。通过分析这些情况，就能得知SIM卡的密码等特性。

"基本上通过七个问题就能克隆卡了，不过还需要猜测密码，猜四位数的密码比较简单，黑客通过软件，用一万个组合来获取SIM卡的密码。"

在全世界范围内，SIM卡的使用相当普通，约占整个手机的百分之七十。如果黑客真的掌握了这项技术，很多人都会蒙受莫名其妙（mòmíngqímiào without rhyme or reason）的损失。因此IBM公司的研究人员加紧了研究步伐。不过，对于手机用户来说，最简单的防护措施（cuòshī measure; method）就是不随便把手机借给陌生人。

（选自《科学与未来——虚拟与数字》）

生 词

1. 黑客	（名）	hēikè	hacker
2. 盗用	（动）	dàoyòng	to peculate; to embezzle
3. 克隆	（动）	kèlóng	to clone
4. 攻击	（动）	gōngjī	to attack; to assault
5. 波动	（动）	bōdòng	to wave; to fluctuate
6. 密码	（名）	mìmǎ	password; cipher

7. 复制	（动）	fùzhì	to copy
8. 演示	（动）	yǎnshì	to demonstrate
9. 损失	（名）	sǔnshī	loss; expense

阅读理解

一、根据课文内容填空

1. 黑客通过_____技术在很短的时间内就能盗用手机。

2. IBM研究人员认为黑客只要_____、_____和_____作为工具就能克隆一张SIM卡。

3. 手机用户防止被盗打的最简单的办法是_____。

二、根据黑客盗取密码的顺序给下列内容编号

（   ）电源出现波动。

（   ）克隆SIM卡。

（   ）SIM卡的电磁场发生变化。

（   ）软件程序向SIM卡提问题。

（   ）获知SIM卡的密码特性。

（   ）通过数字组合猜测密码。

词语练习

词语搭配

1. 猜测　　　　　　　　　　A. 损失

2. 蒙受　　　　　　　　　　B. 步伐

3. 加紧　　　　　　　　　　C. 演示

4. 掌握　　　　　　　　　　D. 密码

5. 进行　　　　　　　　　　E. 技术

阅读3

学说网络语言

　　你知道这些词是什么意思吗？"打Call""666""白富美"。没错，你认识每个字，但是它们在一起就可能不知道是什么意思了。这就是网络语言。

　　网络语言具有生动、简略、内涵丰富等特点。由于每年都会进行网络新词的评选，再加

上年轻人喜欢新事物,网络语言越来越流行。

要了解网络语言的意义也不是什么难事,因为它们都有章可循,而且非常有意思。例如:

1. 由汉语谐音而来。例如:我稀饭(xīfàn)你。"稀饭"谐音"喜欢"。

2. 句子缩写。例如:我对中国足球早就累觉不爱(lèijuébúài)了。"累觉不爱"是"很累,感觉自己不会再爱"的意思。

3. 来自英语发音。例如:他居然会相信小王,真是图样图森破(túyàngtúsēnpò)。"图样图森破"是英文"too young, too simple"(太年轻,太天真)的意思。

4. 数字型。例如:"520"谐音"我爱你"。

5. 汉语拼音或英语缩写。例如:"GG"是"哥哥","BOT"是"机器人"。

6. 社会事件中某人的话。例如:"我不要你觉得,我要我觉得"。这句话出自2019年暑期热播的综艺节目《中餐厅》。店长以自我为中心,说出了这句话,很快就火了。这句话的流行反映了人们对不讲理的人的嘲讽和反感。

……

如果想要学会这些网络语言,就要多了解中国社会,不然会成为奥特曼(out man,脱离时代的人)。

生词

1. 简略	(形)	jiǎnlüè	brief; sketchy; simple
2. 内涵	(名)	nèihán	connotation
3. 了解	(动)	liǎojiě	to understand; to find out
4. 有章可循		yǒuzhāngkěxún	to have rules to follow
5. 谐音	(名)	xiéyīn	homophony
6. 缩写	(名)	suōxiě	abbreviation
7. 来自于	(动)	láizìyú	to come from
8. 如果……就……	(连)	rúguǒ … jiù …	if, in case (It indicates a supposition. It is often used together with "就")

阅读理解

一、根据课文内容选择正确答案

1. 哪一个不属于网络语言的特点? （   ）

A 简略　　　　　B 复杂　　　　　C 年轻化　　　　　D 内涵丰富

2. 网络语言十分流行,是因为: ( )

    A 社会有网络语言评选

    B 年轻人喜欢

    C 网络语言生动、简略、内涵丰富

    D 以上都是

3. 以下哪个句子中的"累觉不爱"使用正确了? ( )

    A 上班的时候很忙,我特别累觉不爱

    B 小王和女朋友在一起总是吵架,小王跟我说他累觉不爱了

    C 他准备了很多东西,累觉不爱

    D 天天累觉不爱,真没意思

4. "方言"的意思是: ( )

    A 语言   B 地方话   C 汉语   D 普通话

二、回答问题

1. 你用过或者听说过哪些网络语言?

_____

_____

_____

2. 网络语言"530""不明觉厉""爱老虎油",想想是什么意思。

_____

_____

_____

ⅢⅢ◀ 阅 读 新 知 ▶

「表达方式——举例的表达方式」

    文章中常用举例子的方法,这样可以使读者更容易理解。在下定义或亮出观点以后,可以加适当的具体例子加以佐证和说明。举例子前的常见用语有"如""比如""例如""诸如""像"等;在例子后的常见用语有"等等""诸如此类""不一一列举";还可用"以……为例""像……那样"等引出所举例子。

第十一课 人类的
理想膳食

课 文

人类理想的膳食（shànshí meal）应包括比例适当的碳水化合物、脂肪、维生素、纤维、蛋白质、水和矿物质。其中碳水化合物、脂肪和蛋白质尤其重要。

碳水化合物

主要作为能量的来源，也是呼吸作用的基础物质。它氧化释放能量用于激活转运、合成大分子、细胞分裂（xìbāo fēnliè cell division）和肌肉收缩（jīròu shōusuō muscle contraction）。

它以淀粉（diànfěn starch）的形式存在于大米、小麦和其他谷物中，或以糖的形式存在。

碳水化合物在口腔和小肠（xiǎocháng small intestine）中消化，以葡萄糖（pútáotáng glucose dextrose）的形式吸收。

脂肪

是能量来源之一，在细胞膜（xìbāomó cell membrane）中具有重要作用，也是一些激素的成分。

它通常来源于肉类，含有丰富的饱和脂肪酸（bǎohé zhīfáng saturated fat）和胆固醇（dǎngùchún cholesterin）。来自植物的脂肪，则含丰富的不饱和脂肪。

脂肪在小肠内消化。

蛋白质

是机体生长和组织修复的基本原材料。它可做酶、运输系统（血红蛋白，xuèhóngdànbái hemoglobin）、激素和抗体（kàngtǐ antibody）等。

人们能从肉类、蛋和豆类中摄取蛋白质，这些食物含有8种必要氨基酸。

蛋白质不足可引起生长缓慢，甚至消瘦和营养不良。蛋白质在胃内消化并以氨基酸的形式被吸收。

足够的食物提供充足的能量。理想的膳食构成约是1/7的脂肪、1/7的蛋白质和5/7的碳水化合物。

在营养不良的情况下，首先考虑提供足够的饮食。而为了预防营养失调，则需要均衡的饮食。

（选自《牛津图解中学生物》）

◀生 词▷

1. 碳水化合物		tànshuǐhuàhéwù	carbohydrate
2. 纤维	（名）	xiānwéi	fibre
3. 激活	（动）	jīhuó	to activate
4. 激素	（名）	jīsù	hormone
5. 酶	（名）	méi	enzyme
6. 机体	（名）	jītǐ	organ
7. 修复	（动）	xiūfù	to repair; to renovate
8. 均衡	（形）	jūnhéng	balanced; even
9. 失调	（动）	shītiáo	to be imbalanced

◀阅 读 理 解▷

一、判断正误

1. （　　）脂肪既可来源于肉类，也可以来自植物。

2. （　　）碳水化合物只在小肠中消化，并以葡萄糖的形式吸收。

3. （　　）理想的饮食构成约是1/7的脂肪，1/7的蛋白质和5/7的碳水化合物。

4. （　　）如果一个小孩生长缓慢，甚至日渐瘦弱，那么这可能是由于碳水化合物的摄取不足。

二、填表

	主 要 作 用	被消化的地方	被吸收的形式
碳水化合物		口腔和小肠	
脂　肪			脂肪酸和甘油
蛋白质	做酶、运输系统、激素和抗体等		

三、根据课文内容填空

1. _____不足可引起生长缓慢,甚至_____和_____。

2. _____的食物提供充足的能量;_____的饮食具有足量的营养及恰当的构成。_____的构成约是1/7的脂肪、1/7的蛋白质和5/7的碳水化合物。

3. _____营养不良的情况_____,_____考虑提供足够的饮食,而_____预防营养失调,_____需要均衡的饮食。

词 语 注 释

以

介词用法如下:

表示"凭借""用"的意思。

(1)他以顽强的毅力克服了重重困难。

表示方式:按照,根据。

(2)以高标准严格要求自己。

表示原因。

(3)我们以祖国有这么美丽的景色而自豪。

词 语 比 较

1."基础"与"基本"

"基础"是事物发展的根本或起点,"基本"指根本的、主要的。

(1)学好汉语拼音是学好汉语的基础。

(2)现在要学得扎实一点,为将来搞研究打下一个坚实的基础。

(3)改革开放是中国的基本国策。

(4)为人民服务是我们的基本原则。

2."分裂"与"分解"

在科技汉语中,"分裂"指一个整体分成两个以上的部分,本身并不产生变化。"分解"指一种化合物由于化学反应而分化成两种或多种较简单的化合物或单质。

(1)细胞核分裂能产生巨大的能量。

(2)氯酸钾加热分化成氯化钾和氧。

3."均衡"与"平衡"

"均衡"指多方面在质量或程度上的均匀、均等;"平衡"指一个整体的相对的两部分在质量

> 或程度上均等或大致均等。

（1）一个国家的进步体现在政治、经济、教育和文化等方面的均衡发展。

（2）均衡饮食就是要保证每天摄入各种含有不同营养的食物。

（3）今年的收支平衡。

（4）在动力和阻力达到平衡的时候，合力为零。

词 语 练 习

一、解释句中"以"的意思

1. 我以老朋友的身份和你聊一聊。

_____

2. 天气是不以人的意志为转移的。

_____

3. 不以人废言。

_____

4. 以亩产400斤计算，大概能收入1 500元。

_____

二、选词填空

基础　　基本　　分裂　　分解　　均衡　　平衡

1. 来中国以前，我有一点汉语（　　　）。

2. 必须保证为人民供应最（　　　）的生活品。

3. 盖楼最重要的是打好（　　　）。

4. 我们这个集体非常团结，从没（　　　）过。

5. 水在一定条件下可（　　　）成氢气和氧。

6. 我们不仅要吃得饱，还要注意营养的（　　　）

7. 生态（　　　）的最明显表现就是系统中的物种数量和种群规模相对平稳。

三、造句

1. 以……的形式：_____

2. 在……的情况下：_____

104

阅读 1

选择育种和基因工程

选择育种和基因工程，是用来繁殖培育更符合我们意愿的动物和植物的一种常用方法。

几百年来，农场主都在努力培育优质动植物来提高产量和质量。通过选择具有所需特征的双亲并使它们配对，来增加获得具有所需特征的后代的机会。比如，让一匹冠军种马（zhǒngmǎ stud）与一匹冠军母马（mǔmǎ mare）配对。它们所生的小马可能继承了双亲健康、肌肉强壮、奔跑速度快等特点，因此小马可能跑得更快。选择育种一般比较容易成功，但是也有不可预测和发展缓慢等特点。

基因工程就是由基因工程师从动植物的DNA中区分出单个基因，然后将这个基因"切割"下来，并放进其他细胞中，让它继续复制生长。这种方法更先进。它的潜在用处是：

- 制造重要的医药产品，如胰岛素（yídǎosù insulin）、人类生长激素（rénlèi shēngzhǎng jīsù human growth hormone）等；
- 遗传疾病（yíchuán jíbìng genetic disease）的基因治疗，如囊性纤维化（nángxìng xiānwéihuà cystic fibrosis）；
- 培植抗寒抗病的植物，或能开更多花、结更大果的植物；
- 培育能产更多奶和肉，并能抵抗一般疾病的动物。

通过选择育种和基因工程的方法，能得到更符合要求的动植物，让我们生活得更好。

（选自《牛津图解中学科学》）

生词

1. 育种	（动）	yùzhǒng	to breed
2. 基因工程		jīyīn gōngchéng	gene engineering
3. 配对	（动）	pèiduì	to match
4. 后代	（名）	hòudài	offspring
5. 继承	（动）	jìchéng	to succeed; to inherit

◀ 阅 读 理 解 ▶

一、回答问题

1. 何为选择育种？

_____

_____

_____

_____

2. 什么是基因工程？

_____

_____

_____

_____

3. 基因工程的潜在用处有哪些？

_____

_____

_____

_____

二、根据课文内容判断正误

1. (　　　) 让一匹冠军种马与一匹冠军母马配对，所生的小马驹一定具有健康、肌肉强壮、奔跑速度快等特点。

2. (　　　) 几百年来，农场主一直在采用选择育种和基因工程的方法，努力培育优质动植物来提高产量和质量。

3. (　　　) 基因工程的方法比选择育种更先进。

4. (　　　) 选择育种和基因工程两者可以结合起来培育更优质的动植物。

◀ 词 语 练 习 ▶

通过对每个汉字意思的理解解释下列词义

1. 培育：_____

2. 培植：_____

3. 成功率：_____

4. 双亲：_____

5. 不可预测：_____

6. 抗寒抗病：_____

阅读 2

金属与生命

在19世纪初，"人血是铁水"这句话在科学界流传。这话的确不假。人血呈红色，是因为里面含有铁。铁使血红蛋白的新陈代谢（xīnchén-dàixiè metabolism）非常活跃，人体内没有足够的铁就会患贫血症（pínxuèzhèng anemia）。

除铁之外，人体内还有许多金属。现在人们发现，生物体内的化学元素有六十几种。根据含量的多少，有人把身体中含有的元素分为三类：第一类元素含量较多，叫宏量元素。其中最多的是碳、氢、氧、氮（carbon, hydrogen, oxygen, nitrogen），这四种就占人体重量的96%。第二类元素，含量在十万分之几到千万分之几，如：锰、铜（manganese, copper）等。这些叫做微量元素。第三类元素含量极少，在十五亿万分之一以下，如氩、锭（argon, ingot）等，这些叫超微量元素。

生物机体中的各种元素，虽然绝大多数含量极少，但是缺一不可。为什么这些含量极少的元素，对生物会有这么重要的作用呢？

对于许多元素在生命中的作用，我们今天了解得还不多。从已知的一些情况来看，缺少这些元素，会影响到酶的"催化剂"（cuīhuàjì catalyzer）作用，使生物机能减弱或失调，以致发生疾病。另外，微量元素又是激素的组成部分，能促进或抑制机体的各种生理活动。不过，既然是微量元素，量的多少必须适当，少了固然不行，但是多了不仅浪费，也会引起中毒。

（选自《科技汉语（汉维版）》）

生词

1. 呈	（动）	chéng	to appear; to assume
2. 患	（动）	huàn	to suffer from（illness）
3. 含量	（名）	hánliàng	content
4. 宏量元素		hóngliàng yuánsù	macroelement
5. 亿万	（数）	yìwàn	millions upon millions
6. 超微量元素		chāowēiliàng yuánsù	super microelement
7. 密切	（形）	mìqiè	consanguineous; related with
8. 固然	（连）	gùrán	of course; no doubt

⫸ 阅读理解 ⫷

一、连线题

种类名称	另一个名称	所含元素
A 第一类元素	1 超微量元素	① 锰、铜等
B 第二类元素	2 宏量元素	② 碳、氢、氧、氮等
C 第三类元素	3 微量元素	③ 氩、锭等

二、根据课文内容判断正误

1. （　　）"贫血症"是因为血里缺铁。

2. （　　）生物机体中的超微量元素在生物的生命活动中有着非常小的作用，缺少它们中的一种元素，不会引起不良的反应。

3. （　　）我们现在非常了解各种元素在生物体内的作用。

4. （　　）从已知的一些元素的情况来看，宏量元素在生物机体的生物化学反应中充当着"催化剂"作用。

三、回答问题

1. 人们是根据什么原则来对元素进行分类的？

_____

_____

2. 微量元素的作用有哪些？

_____

_____

⫸ 词 语 练 习 ⫷

猜词义

界——科学界　　教育界　　文艺界　　学术界

_____

量——含量　　宏量　　微量　　重量

_____

物——生物　　植物　　动物　　微生物

_____

阅读 3

何谓"绿色食品"

绿色食品是遵循可持续发展（kěchíxù fāzhǎn sustainable development）原则，按照特定生产方式，经专门机构认定，许可使用绿色食品标志商标（shāngbiāo trademark）的食品。它具有无污染、安全、优质、营养的特点。国际上通常都对与环境保护有关的事物冠之以"绿色"，定名为绿色食品，但这类食品并非都是绿颜色的。

国际上与中国绿色食品相类似的产品，有的称有机食品，有的称生态食品，还有的称自然食品。虽然名称不同，但宗旨是一致的，都是通过开发无污染的食品，保护资源与环境，实现可持续发展。

绿色食品分"AA级绿色食品"和"A级绿色食品"。AA级绿色食品即有机食品。有机食品应符合什么标准？首先，它的生产地应符合环境质量规定的标准。第二，生产过程中不使用任何有毒化学合成物质。第三，按特定的操作规程加工，产品质量及包装经检测、检查符合特定标准。第四，经专门机构认定，许可使用AA级绿色食品标志。A级绿色食品应该符合的标准又是什么？首先，在生产中允许限量使用限定的化学合成产品。第二，产品质量及包装经检测、检查符合特定标准。第三，经专门机构认定，许可使用A级绿色食品标志的产品。

绿色食品标志图形由三部分构成，包括上方的太阳、下方的叶片和中心的蓓蕾（bèilěi bud），标志象征自然生成；颜色为绿色，象征着生命、农业、环保；图形为正圆形，意为保护。绿色食品标志文字中英文分别为"绿色食品"和"Green Food"。AA级绿色食品标志与文字均为绿色，底色为白色，A级绿色食品则标志与文字为白色，底色为绿色。

绿色食品标志图形及文字互相组合成各种形式，注册在以食品为主的九大类食品上。

（选自《身边的化学》）

生词

1. 遵循	（动）	zūnxún	to follow
2. 原则	（名）	yuánzé	principle
3. 许可	（动）	xǔkě	to permit; to admit
4. 认定	（动）	rèndìng	to recognize; to confirm
5. 有机食品		yǒujī shípǐn	organic food
6. 符合	（动）	fúhé	to accord with
7. 限量	（动）	xiànliàng	to set limit
8. 象征	（动）	xiàngzhēng	to symbolize
9. 注册	（动）	zhùcè	to enroll; to register

阅读理解

一、判断正误

1. （　　　）绿色食品都是绿颜色的。

2. （　　　）"有机食品""生态食品""自然食品"和"绿色食品"名字不同,但宗旨一样。

3. （　　　）AA级绿色食品标志与文字为白色,底色为绿色,A级绿色食品标志与文字为绿色,底色为白色。

二、根据课文内容选择正确答案

1. 绿色食品的宗旨是什么?　　　　　　　　　　　　　　　　　　　（　　　）

    A 开发无污染的食品　　　　　　　　B 保护资源与环境

    C 实现可持续发展　　　　　　　　　D 以上都是

2. 绿色食品的标志图形由三部分构成,不包括下面哪部分?　　　　（　　　）

    A 颜色　　　　　　　　　　　　　　B 图案

    C 文字　　　　　　　　　　　　　　D 形状

3. "AA级绿色食品"和"A级绿色食品"比较,哪个标准更高?　　　（　　　）

    A 不知道　　　　　　　　　　　　　B 前者

    C 后者　　　　　　　　　　　　　　D 一样

三、根据课文内容,试一试画出下面三个内容的图案

1. 绿色食品

---

2. AA级绿色食品

---

3. A级绿色食品

词语练习

将可搭配使用的词划线连接起来

1. 遵循　　　　　　　　A. 使用

2. 持续　　　　　　　　B. 规定

3. 注册　　　　　　　　C. 资源

4. 限量　　　　　　　　D. 认定

5. 按照　　　　　　　　E. 原则

6. 保护　　　　　　　　F. 发展

7. 经　　　　　　　　　G. 商标

阅读新知

「表达方式——因果推论的表达方式」

表达因果可以不用连词,如:

(1)钠位于元素周期表的最左列,金属性相当强。

(2)滑雪板分散了人本身的重力,人不容易陷到雪里去。

为了使表达清晰,文章多用连词来表达因果关系,最常用的是:"因为……所以……"。书面化的一些因果关系连词有"因……而……""由于……因此……""之所以……是因为……""因此""因而""从而"等。"既然……就……"也可以表示因果关系,但是使用相对较少。

第十二课　陶器的诞生

距今大约一万年以前,人类创造出了第一种自然界不存在的物质——陶(táo pottery)。从此世界上就有了关于陶的种种故事。

陶的出现标志着人类进入了新石器时代。在远古,人们发现一些被水浸湿的粘土(niántǔ clay; clunch),经火烧过后不仅改变了颜色,还变得十分坚硬。他们就开始尝试用粘土加水和成泥,烧成各种形状的器皿,陶器的制作就这样开始了。

一开始,人们按照自己的想象,做出各种样式的陶器来满足生存的需要。后来又在这些器皿(qìmǐn vessel)上描绘鸟兽,把对生灵的信奉崇拜,对美的想象追求也充分地记录在陶器上。

早期烧出来的陶器,以红颜色居多,后来还有灰的,这是陶土中显色金属的作用。到了新石器时代晚期,制陶技术发展到当时的最高水平,就出现了黑陶。

经过相当长的时间,人们在烧制和使用陶器的过程中,发现烧制温度越高,陶器越结实耐用。为了让烧好的陶器尽快降温,以便能将它们取出使用,陶工们在陶器即将烧成时,在陶窑(táoyáo pottery kiln)内淋水。没想到这样做导致了炭黑的产生,炭黑不但使像蛋壳一样薄的陶器增加了一些颜色,而且使薄薄的陶器更加坚实了。

在烧陶过程中,人们偶然发现氧化铜、氧化锡等金属化合物在 1 000 度左右能够还原成液态金属。锡的熔点只有几百度,而铜是 1 000 多度,锡和铜混和并冷却下来就变成了青铜。可以说,混合金属青铜的发现也是非常偶然的。后来用青铜制作的器皿逐渐增多,新石器时代就逐步过渡到青铜时代了。

(选自《改变人类的科学活动》)

生词

| 1. 坚硬 | （形） | jiānyìng | hard; solid |
| 2. 描绘 | （动） | miáohuì | to describe; to draw |

3. 生灵	（名）	shēnglíng	beings
4. 信奉	（动）	xìnfèng	to embrace; to believe in
5. 崇拜	（动）	chóngbài	to worship; to adore
6. 追求	（动）	zhuīqiú	to pursue; to go in for
7. 显色金属		xiǎnsè jīnshǔ	colorful metal
8. 偶然	（副）	ǒurán	accidentally
9. 熔点	（名）	róngdiǎn	melting point
10. 冷却	（动）	lěngquè	to cool; to refrigerate

⑷ 阅 读 练 习 ⫘

一、根据课文内容连线

时代　　　　　　　　　　　　　标志

旧石器时代　　　　　　　　　　青铜器皿的出现

新石器时代　　　　　　　　　　打制石器的出现

青铜时代　　　　　　　　　　　陶的出现

二、根据课文内容选择正确答案

1. 人类创造的第一种自然界**不**存在的物质是　　　　　　　　（　　）

　　A 石器　　　　　　B 陶瓷　　　　　　C 钢铁　　　　　　D 青铜

2. 下面哪种物质的发现**不**是偶然的?　　　　　　　　　　　　（　　）

　　A 陶　　　　　　　B 混合金属青铜　　C 炭黑　　　　　　D 粘土

3. 锡和铜相比,谁的熔点高?　　　　　　　　　　　　　　　　（　　）

　　A 一样　　　　　　B 前者高　　　　　C 后者高　　　　　D 不知道

4. "冷却"的反义词是　　　　　　　　　　　　　　　　　　　（　　）

　　A 热情　　　　　　B 加热　　　　　　C 还原　　　　　　D 降温

5. "满足"**不**能与下面的哪个词语搭配?　　　　　　　　　　　（　　）

　　A 要求　　　　　　B 需要　　　　　　C 愿望　　　　　　D 理想

三、根据课文内容填空

1. 人们在这些陶器上描绘鸟兽,是为了表达对＿＿＿＿＿＿＿的信奉崇拜,记录对＿＿＿＿＿＿＿
　　的想象追求。

2. 在远古,人们发现一些被水浸湿的粘土,经火烧过后＿＿＿＿＿＿＿改变了颜色,＿＿＿＿＿＿＿

变得十分坚硬。早期烧制的陶器_____红颜色_____。

3. _____让烧好的陶器尽快降温，_____能将它们取出使用，陶工们在陶器即将烧成时，在陶窑内淋水。没想到这样做_____了炭黑的产生。炭黑_____使像蛋壳一样薄的陶器增加了一些颜色，_____使薄薄的陶器更加坚实了。

词语注释

1. 不仅……还……

表示递进关系，后一分句是更进一步的说明。同样表示递进的还有："并、不但……并且（又、还、而且、更、也）、尚且……何况、况且"等。例如：

（1）今天是老母亲七十大寿，大儿子上星期就来了并给了五百块钱。

（2）石拱桥不但形式优美，而且结构坚固。

（3）初等数学尚且没学好，何况高等数学，你还是别着急，先把基础打好吧。

（4）你刚来，哪儿都不认识，况且语言又不通，不要一个人到处走。

2. 以……居多

占多数的意思。"居"为动词，表示在某种位置。

（1）我们班以男生居多。

（2）现在发现的元素中以金属元素居多吗？

3. 以便

连接两个分句。用在后一分句的开头，表示使下文所说的目的容易实现。

（1）把材料都编上号，以便查找。

（2）请把电子邮箱留下来，以便今后网上联系。

词语练习

一、用给出的词回答问题

1. 为什么图书馆的书都有代码？（以便）

_____

_____

2. 你会说英语吗？（不仅……还……）

_____

_____

3. 刘丽喜欢穿什么样的衣服,你知道吗?(以……居多)

_____

_____

二、用所给词造句

偶然:_____

耐用:_____

过渡:_____

快速阅读

阅读 1

为什么石英表走时特别准

现代人都喜欢戴石英电子表(shíyīng diànzǐbiǎo quartz watch)而冷落机械表(jīxièbiǎo machine watch),原因有两个:第一,机械表依靠发条(fātiáo clockwork spring)作动力,由齿轮(chǐlún gear)传动来走时,一旦忘了上发条,就会"罢工";而石英表,只要放入一枚钮扣(niǔkoù button)形状的电池,一年都不用照料。第二,机械表走时的精度不是很高;高精度的石英表,一年的走时误差为3～5秒,是机械表的100多倍。

石英表为什么有这么高的精度呢?

现代钟表是以振荡来稳定运动的,每秒振荡次数越多,时间就越精确。机械表每秒只振荡6次,石英表每秒振荡约3万多次,毫无疑问,石英表要比机械表精确得多。

石英表中的振荡器是用石英晶体制作的,它是计时的"心脏"部件。石英晶体属于人工晶体中的一种。人工晶体都是单晶材料,有着优异的性能。石英晶体被广泛使用,在全世界年产量为2 000吨以上。它的化学成分是二氧化硅,与普通的沙子同属一类,可是要比沙子漂亮多了。大块的石英晶体呈六方柱状结晶,被人们称为"水晶"。纯净的水晶是无色透明的,闪闪发亮。如果夹有杂质,就带有各种颜色,如著名的紫晶、黑晶、黄晶等。

(选自《e时代N个为什么》)

生 词

1. 冷落	(动)	lěngluò	to treat coldly
2. 传动	(动)	chuándòng	to drive; to transit

3. 精度	（名）	jīngdù	precision
4. 优异	（形）	yōuyì	excellent
5. 柱状	（名）	zhùzhuàng	shape of pole; columniation

阅读理解

一、根据课文内容选择正确答案

1. "罢工"在文章中是指 （　　）

    A 齿轮不停地传动　　　　　　　　B 发条工作

    C 机械表指针不走　　　　　　　　D 电池没电了

2. 第四段的"心脏"是指 （　　）

    A 人身体的一部分　　B 石英表　　C 部件　　D 振荡器

3. 下面关于石英表的说法,哪个**不**正确? （　　）

    A 石英表中的石英晶体是单晶材料　　B 石英表中的石英晶体属于天然晶体

    C 石英表要比机械表精确得多　　　　D 石英表的振荡器是用石英晶体制作的

4. 下面关于石英晶体的说法中,哪个**不**正确? （　　）

    A 全世界年产量为 2 000 吨以上　　　B 大块的石英晶体呈六方柱状结晶

    C 都是无色透明的　　　　　　　　　D 与普通的沙子同属一类

二、回答问题

1. 相对于机械表来说,石英表有哪些优势?

_____

_____

2. 你见过水晶吗? 能否举出几个它在现实生活中应用的例子?

_____

_____

三、请你根据课文画出石英晶体的形状

_____

词语练习

写出下列词语的近义词

一旦—— _____   毫无疑问—— _____

照料—— _____   优异—— _____

阅读2

神奇的液晶

提起晶体，我们通常想到的都是玉、冰糖、食盐等的固态晶体。液晶，顾名思义，就是液态的晶体。它是液体和晶体的有机化合物，是一种问世不久的高科技新材料。

液晶在一定条件下，不但具有液体的流动性和连续性，而且还具有晶体的电学和化学性能。液晶分子的排列是有一定规则的，但是"性格"特别善变。它对磁、电、光、声、热、力等外界条件的变化非常敏感。当外加电场发生变化时，液晶分子整齐的排列会被外加电场扰乱，从而影响到它的光学性能，使本来透明的液晶变得不透明，这叫做"电光效应"。

早在一百多年前，液晶就被发现了，可是直到近几十年人们发现它是制造显示组件的绝好材料，液晶才开始崭露头角。目前，已有七千多种有机化合物被发现具有液晶的特性。

液晶对我们来说并不陌生。电子手表上的数字，就是利用液晶的"电光效应"显示的。电子表上的显示组件是一个装有液晶的长方形玻璃盒，盒内壁上方有7段透明的电极，内壁下方也有一块电极。在电极上通电，产生直流电场，由于"电光效益"，液晶变得不透明，通过控制电路，这7段电极就能显示0—9十个不同的数字。

把液晶与某些塑料混合，放在导电玻璃上，通电之后，颜色就会发生明显变化，街上许多巨大的广告牌就是这样制作的，越来越走俏的笔记本电脑和液晶显示屏的原理也是如此。

(选自《身边的化学》)

生词

1. 问世不久		wènshìbùjiǔ	Not long after it came out.
2. 分子	（名）	fēnzǐ	molecule
3. 规则	（名）	guīzé	rule
4. 善变	（形）	shànbiàn	capricious
5. 扰乱	（动）	rǎoluàn	to disturb
6. 透明	（形）	tòumíng	transparent
7. 崭露头角		zhǎnlù-tóujiǎo	to begin to distinguish oneself
8. 电极	（名）	diànjí	pole; electrode

阅读理解

一、根据课文内容判断正误

1.（   ）液晶是近几十年人们才发明的。

2.（   ）液晶是液体和晶体的有机化合物，是一种问世不久的高科技新材料。

3.（   ）液晶分子的排列是有一定规则的，它的"性格"十分稳定。

4.（   ）目前，被发现具有液晶特性的化合物有七千多种。

二、根据课文内容选择正确答案（答案可能不止一个）

1. 液晶可以用在哪些方面？ （   ）

    A 电子表上的显示组件   B 显示屏

    C 笔记本电脑   D 广告牌

2. 液晶的性质有哪些？ （   ）

    A 液体的流动性和连续性

    B 晶体的电学和化学性能

    C 对磁、电、光、声、热、力等外界条件的变化非常敏感

    D 分子的排列没有固定规则

3. "顾名思义"中"顾"的意思是 （   ）

    A 照管   B 看到

    C 考虑   D 拜访

4. "走俏"的意思是 （   ）

    A 走路   B 轻轻地走

    C 受欢迎   D 漂亮

三、回答问题

1. 液晶是什么？

_____

_____

_____

2. 何谓"电光效应"？

_____

_____

_____

▶ 词语练习 ▷

写出文中与下列语义相近的词

一般情况下—— _____

刚刚出现的—— _____

看名字想到它的意思—— _____

感觉敏锐、反应很快—— _____

在同类中表现出更好—— _____

▍阅读 3

海豚畅泳的奥秘

海豚是一种讨人喜欢的海洋动物。海豚的智慧让人惊讶，美国军方训练海豚做侦察工具。它的游泳本领相当高超，其速度每小时可达 70 千米，短距离冲刺可达每小时 100 千米，与鱼雷（yúléi torpedo）的速度差不多。

它的游泳本领为什么如此高超？这与海豚皮肤的构造密切相关。海豚的皮肤有三层：第一层是非常光滑柔软的表皮层；第二层是白色的真皮层，长有许多乳头状（rǔtóuzhuàng shape of nipple）中空的突起物（tūqǐwù protuberance）；第三层是很厚的脂肪层，富有弹性。

这种皮肤构造使海豚在游泳时不会产生湍流（tuānliú torrent），再加上海豚良好的流线型体形，它游泳可以达到很高的速度。而潜艇行进时却会产生湍流，形成阻力。

能不能让游艇行进得更快些呢？德国科学家克雷默模仿海豚皮肤的结构，用橡胶制造出人造海豚皮，中间层有无数细小而且中空的乳头，乳头中间有小孔相连，在小孔中自由流动着一种黏性液体。将这种人造海豚皮覆盖在潜艇上，可以减少约 50% 的湍流。这样，潜艇就能行进得更快。

科学家为游泳运动员设计的新式泳衣也是基于同样的思路，期望借此能提高比赛成绩。

（选自《e 时代 N 个为什么》）

▶ 生词 ▷

1. 奥秘	（名）	àomì	arcanum; secret
2. 侦察	（动）	zhēnchá	to spy; to scout
3. 冲刺	（动）	chōngcì	to sprint; to spurt
4. 中空	（形）	zhōngkōng	hollow
5. 弹性	（名）	tánxìng	flexibility; elasticity
6. 流线型	（名）	liúxiànxíng	shape of streamline
7. 模仿	（动）	mófǎng	to imitate

◀ 专 名 ▶

克雷默	Kèléimò	name

◀ 阅 读 理 解 ▶

一、根据课文内容选择正确答案

1. 海豚的游泳本领如此高超,主要与什么密切相关? （　　）

　　A 海豚的头部形状　　　　　　　　B 海豚皮肤的构造

　　C 海豚的尾巴　　　　　　　　　　D 海豚的身体形状

2. 文章结尾处有"期望借此能提高比赛成绩"一句,其中的"此"是指什么? （　　）

　　A 新式泳衣　　　　　　　　　　　B 良好的流线型形体

　　C 人造海豚皮　　　　　　　　　　D 模仿海豚皮肤的结构

3. 与"高超"的意思最相近的是 （　　）

　　A 高级　　　　　　B 超级　　　　　　C 高大　　　　　　D 高强

4. "其速度每小时可达70千米",相当于 （　　）

　　A 每秒70米　　　　B 每秒17米　　　　C 每秒11.7米　　　　D 每秒20米

5. "鱼雷"是什么东西? （　　）

　　A 一种凶猛的鱼　　　　　　　　　B 一种游得非常迅速的鱼

　　C 一种军事武器　　　　　　　　　D 一种行进迅速的小艇

二、回答问题

海豚的皮肤有几层? 每层是怎样的?

_____

_____

_____

◀ 词 语 练 习 ▶

用划线的字组词

智慧——（　　　　　）、（　　　　　）

乳头状——（　　　　　）、（　　　　　）

弹性——（　　　　　）、（　　　　　）

流线型——（　　　　　）、（　　　　　）

阅读新知

「时　间　词」

　　表示时间的名词或名词短语叫做时间词语。书面介绍历史常用的有：公元前、公元、世纪、……年代、……初叶、……晚期、……朝等等。例如：公元前100年（BC100）、公元2000年（year 2000）、19世纪（19th century）、50年代（in the 50's）、18世纪初叶（in early 18th century）、80年代晚期（in late 80's）、唐朝（Tang Dynasty）。

第十三课　函数

（一）函数 $y = K/x$

矩形的面积是12平方厘米，这时长 y（厘米）和宽 x（厘米）之间的关系是 $y = 12/x$。

由上式可以看出，如果 x 扩大到原来的几倍，那么 y 就缩小到原来的几分之一；反过来，如果 x 缩小到原来的几分之一，那么 y 就扩大到原来的几倍。我们把两个量之间的这种关系叫做反比例关系。

一般来说，我们把函数 $y = K/x$（K 是不等于零的常数）叫做反比例函数。反比例函数 $y = K/x$（$K \neq 0$）的图像是以原点为对称中心，和直线 $y = x$ 为对称轴的两支曲线。这两支曲线称为双曲线。反比例函数有下面的性质：

（1）当 $K > 0$ 时，函数图像的两个分支分别分布在平面直角坐标系的第一、三象限内，在每一个象限中，y 随 x 的增大而减小；当 $K < 0$ 时，两个分支分别分布在平面直角坐标系的第二、四象限内，在每一个象限中，y 随 x 的增大而增大。

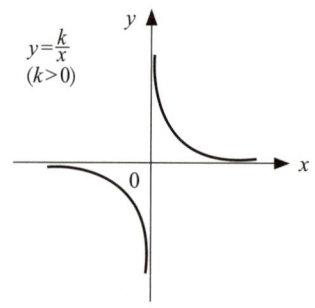
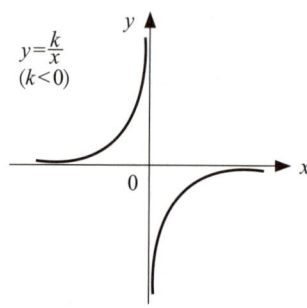

（2）两个分支都无限接近但永远不能达到 x 轴和 y 轴。

（二）函数 $y = ax^2$

函数 $y = ax^2$ 的图像如物体抛射时所经过的路线，我们把它叫做抛物线。这个抛物线关于 y 轴对称，y 轴叫做抛物线的对称轴。抛物线 $y = ax^2$ 与对称轴 y 轴的交点称为抛物线的顶点。

函数 $y = ax^2$ 有以下性质：

（1）抛物线 $y = ax^2$ 的顶点在原点，以 y 轴为对称轴。

（2）当 $a > 0$ 时，抛物线 $y = ax^2$ 位于 x 轴的上方，它的开口向上，并且向上无限伸展；当 $a < 0$ 时，抛物线 $y = ax^2$ 位于 y 轴的下方，它的开口向下，并且向下无限伸展。

（3）当 $a > 0$ 时，在对称轴的左侧，y 随着 x 的增大而减小；在对称轴的右侧，y 随着 x 的增大而增大；函数 y 在顶点处的值最小。当 $a < 0$ 时，在对称轴的左侧，y 随 x 增大而增大；在对称轴的右侧 y 随着 x 增大而减小；函数在顶点处的值最大。

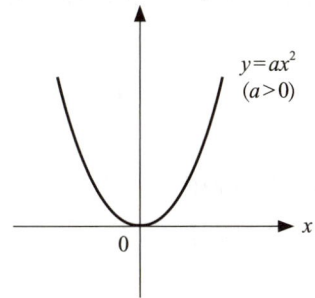

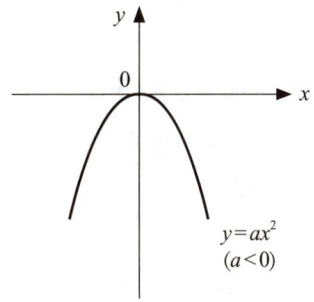

（选自《科技汉语（汉维版）》）

生　词

1.	函数	（名）	hánshù	function
2.	矩形	（名）	jǔxíng	rectangle
3.	平方厘米	（量）	píngfāng límǐ	square centimeter
4.	反比例	（名）	fǎnbǐlì	inverse ratio
5.	轴	（名）	zhóu	axis
6.	图像	（名）	túxiàng	image; picture
7.	直角	（名）	zhíjiǎo	right angle
8.	抛物线	（名）	pāowùxiàn	parabola
9.	对称	（形）	duìchèn	symmetrical
10.	伸展	（动）	shēnzhǎn	to extend
11.	分支	（名）	fēnzhī	branch
12.	坐标	（名）	zuòbiāo	coordinate
13.	象限	（名）	xiàngxiàn	quadrant
14.	随（着）……而……		suí(zhe) ……ér ……	along with
15.	顶点	（名）	dǐngdiǎn	acme; peak
16.	侧	（名）	cè	side

⫸ 阅 读 理 解 ⊐

一、根据课文内容判断正误

1. (   ) 当一个矩形的面积固定时, 长和宽成反比例关系。

2. (   ) 当一个矩形的一条边固定时, 其面积和另一条边成正比例关系。

3. (   ) "函数 $y = ax^2$ 的图像如物体抛射时所经过的路线" 中 "如" 的意思是 "例如"。

4. (   ) 反比例函数 $y = K/x (K \neq 0)$ 的图像也可以以直线 $y = -x$ 为对称轴。

5. (   ) 反比例函数都是 y 随着 x 的增大而缩小, 或者 y 随着 x 的缩小而增大。

二、根据课文内容选择正确答案

1. 函数 $y = -3/x$ 的图像在哪两个象限?   (   )

    A 第一、第二象限   B 第一、第三象限

    C 第二、第三象限   D 第二、第四象限

2. 函数 $y = 2x^2$ 的图像在哪两个象限?   (   )

    A 第一、第二象限   B 第一、第三象限

    C 第二、第三象限   D 第二、第四象限

3. 函数 $y = 2x^2$ 的图像的开口方向怎样?   (   )

    A 向上   B 向下

    C 向左   D 向右

4. 函数 $y = 2x^2 + 5$ 的图像相对于函数 $y = 2x^2$ 的图像来说, 是怎样的?   (   )

    A 向下移动 5 个单位   B 向上移动 5 个单位

    C 向右移动 5 个单位   D 向左移动 5 个单位

三、画图

1. 请你画出 $y = 3/x$ 的图像, 并指出图像所在的象限以及 x 和 y 的关系。

2. 请你画出 $y = -2x^2$ 的图像, 并指出图像所在的象限以及 x 和 y 的关系。

词语注释

1. "扩大"和"缩小"

"扩大"表示放大范围、规模,跟缩小相对。"扩大"可与倍数搭配;"缩小"不能与倍数搭配,而应用几分之几。

（1）新盖的房子比原来扩大了三倍。

（2）我国将不断扩大旅游事业。

（3）耕地面积缩小了百分之二十。

（4）气球有点跑气,逐渐缩小了。

2. A随B而……

表示A因为B的变化,有不同的结果。

（1）气体随温度升高而体积变大。

（2）土地随纬度升高而有不同的植被。

词语练习

造句

扩大:＿＿＿＿＿＿＿＿＿＿＿＿＿＿＿＿＿＿＿＿＿＿＿＿＿＿＿

缩小:＿＿＿＿＿＿＿＿＿＿＿＿＿＿＿＿＿＿＿＿＿＿＿＿＿＿＿

随……而……:＿＿＿＿＿＿＿＿＿＿＿＿＿＿＿＿＿＿＿＿＿

快速阅读

阅读1

日高八万里

　　2 000多年前,受当时科学水平的限制,我国周代人还不知道地球是圆的,他们认为:地球是一个大平面,天像一个大锅盖(guōgài lid of boiler),即所谓的"天圆地方"之说。农历夏至时,他们先在地面上立一根8尺长的标杆,测出标杆的影子长度为6尺。然后又假设标杆每向南移动1 000里,日影就缩短1寸。由于标杆的影子长6尺,如果把标杆连续向南移动60个1 000里,即6万里的话,那么标杆的影子长度就会缩短为零了,这时,标杆就跑到太阳的正下方去了。

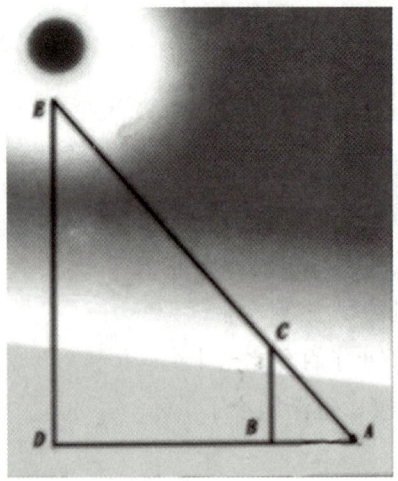

由上图得出, $\triangle ADE \backsim \triangle ABC$

有 $DE/BC = AD/AB$

$DE = BC \times AD/AB = 8$尺 $\times 6$万里$/6$尺$= 8$（万里）

所以, 古人认为太阳的高度为8万里。

日高8万里对不对呢？当然不对。现代技术测得, 太阳光大约需要8分钟才能到达地球, 而光每秒钟能走30万千米。由此可算得, 太阳到地球的距离等于光在8分钟（即480秒）内行走的距离, 大约等于30×480=14 400（万千米）, 即1.44亿千米。最新测得的地日之间的距离为149 597 870千米。周代人算得的8万里合起来才4万千米, 差距太大了。他们计算的问题出在哪里呢？主要有两点:

（1）假设标杆向南移动一千里, 日影就会缩短一寸是错误的;

（2）大地是个球面, 把大地看成平面自然也是错误的。

虽然周代人根据错误的假设条件计算出了错误的结论, 但是他们计算所使用的数学原理是正确的。

（选自《探索形状的奥秘Ⅱ》）

生词

1. 农历	（名）	nónglì	a kind of calendar in ancient China
2. 夏至	（名）	xiàzhì	Summer Solstice
3. 标杆	（名）	biāogān	surveyor's pole
4. 尺	（量）	chǐ	*chi* (measure word)
5. 寸	（量）	cùn	*cun* (measure word)

6. 里	（量）	lǐ	li (measure word)
7. 差距	（名）	chājù	gap; difference
8. 结论	（名）	jiélùn	conclusion

专名

| 周代 | zhōudài | Zhou Dynasty |

阅读理解

一、判断正误

1. （　　　）所谓的 "天圆地方" 之说是科学的。

2. （　　　）光的传播速度是每秒30万公里。

3. （　　　）古人在算太阳的高度时，利用了相似三角形的原理。

4. （　　　）最新测得的地日之间的距离大约为1.44亿千米。

5. （　　　）2 000多年以前，中国人就知道地球是圆的。

二、根据课文内容填空

1. "天圆地方" 的意思是_____。

2. _____周代人根据错误的假设条件计算出了错误的结论，_____他们计算所使用的数学原理是正确的。

3. 他们_____在地面上立一根8尺长的标杆，测出标杆的影子长度为6尺。_____假设标杆每向南移动1 000里，日影_____缩短1寸。_____标杆的影子长6尺，_____把标杆连续向南移动60个1 000里，即6万里的话，_____标杆的影子长度就会缩短为零了。

三、问答题

古人测到的太阳的高度为什么不对？

_____

_____

_____

_____

◢◣ 词语练习 ◤◥

试解释下列下划线的词语

1. 即所谓的"天圆地方"之说 _____

2. 日影就缩短1寸 _____

3. 由图得出 _____

4. 现代技术测得 _____

阅读2

女性跑得比男性快

曾经有人在某报体育专栏提出一个问题：男运动员是否真的比女运动员跑得快？人们大多认为前者比后者跑得快。但该专栏作家却认为加入身高因素，才可以更公平地比较男女在赛跑上的表现。他按照这想法，计算出男子、女子一百米世界纪录的每秒身高比（选手的速度除以其身高）分别为5.55和5.64。因此，该作家的结论是：女运动员跑得快！

现在看运动员在田径场上的快慢，皆以简单的反比为比较的基础。若设 V 为速度，d 为距离，t 为时间，则在一定的距离比赛，距离 d 为常数，$V = d/t$。从而得出以越短的时间完成赛程，速度就越快的结论。

但加入"身高"（h）因素后，则 $V = d/ht$，此式在数学上称为"联比"。我们从这个关系看到，若 h 不变，可以只考虑 $V = d/t$，得出当高度相同的运动员一起比赛时，使用时间越短的速度越快；而当 t 不变，则要从 $V = d/h$ 中考虑，得出：相同时间完成同样的赛程，较矮的运动员跑得较快。

以不同的角度看事物，能让我们的思考更灵活、视野更广阔，也让我们明白，为何学校的田径赛要分组（按年龄）进行，男、女子的战绩必须分别记录。

（选自《生活的数学》）

◢◣ 生 词 ◤◥

1. 专栏	（名）	zhuānlán	special column
2. 田径场	（名）	tiánjìngchǎng	track and field
3. 皆	（副）	jiē	all; both
4. 赛程	（名）	sàichéng	distance（of a racing game）
5. 联比	（名）	liánbǐ	joint ratio
6. 田径赛	（名）	tiánjìngsài	track and field competition
7. 视野	（名）	shìyě	vision; horizon

8. 战绩	（名）	zhànjì	military successes; result of the competition

ⅢⅢ◀ 阅 读 理 解 ⬛

一、根据课文内容判断正误

1. （　　）一般人都认为男运动员比女运动员跑得快,可是短文中的专栏作家却认为跑得最快的女人要比最快的男人快。

2. （　　）作者不赞成短文中那个专栏作家的观点。

3. （　　）男子一百米世界记录的每秒身高比比女子的要高。

二、根据课文内容选择正确答案

1. 第一段中的"前者""后者"分别指什么?　　　　　　　　　　　　　　（　　）

　　A 前者指女运动员,后者指男运动员

　　B 前者指男运动员,后者指女运动员

　　C 前者指高运动员,后者指矮运动员

　　D 前者指矮运动员,后者指高运动员

2. 第三段"而当 t 不变"中"而"的意思是　　　　　　　　　　　　　　（　　）

　　A 表示转折　　　　　　　　　　B 表示比较

　　C 表示并列　　　　　　　　　　D 表示递进

3. 文章旨在说明什么?　　　　　　　　　　　　　　　　　　　　　　（　　）

　　A 跑得最快的女人比最快的男人还要快

　　B 为何学校的田径赛要分组(按年龄)进行,而男、女子的战绩必须分别记录

　　C 若以相同时间完成等距的赛程,较矮的运动员跑得较快

　　D 以不同的角度看事物,可使我们的思考更灵活、视野更广阔

三、根据课文内容回答问题

那位专栏作家是怎样证明自己的结论的: 跑得最快的女人比最快的男人还要快?

_____

_____

_____

_____

◀◀词语练习▶

用下划线的字组词

专栏——_____

田径场——_____

反比——_____

战绩——_____

◀阅读3

鸡兔同笼

笼子里关着若干只鸡和若干只兔。从上面数,鸡加兔一共有35个头;从下面数,鸡和兔一共有94只脚。问笼中各有多少只鸡和多少只兔?(改编自《孙子算经》)

方法一 解方程	**方法二 假设法**
解:设笼中有鸡 x 只,则有兔$(35-x)$ 鸡有2只脚,兔有4只脚,则: $2x+(35-x)\times 4=94$ $2x+140-4x=94$ $2x=46$ $x=23$ 鸡23只,则:兔$35-23=12$(只) 答:笼中有鸡23只,兔12只。	解:假设笼子里都是鸡,那么应该有脚:$35\times 2=70$(只) 实际比假设多出脚$94-70=24$(只),一只兔子比一只鸡多2只脚 因此,兔子有$24\div 2=12$(只),鸡$35-12=23$(只) 答:笼中有鸡23只,兔12只。

◀◀生词▶

 若干　　　　(代)　　　ruògān　　　a certain number or amount

◀◀阅读理解▶

一、判断正误

1. (　　)笼子里的鸡比兔子多11只。

2. (　　)笼子里兔脚总数比鸡脚总数多。

二、使用"解方程"或"假设法"计算：鸡兔同笼，从上面数有30个头，从下面数有92只脚时，笼中各有多少只鸡和多少只兔？注意解题格式。

_____

_____

_____

三、根据课文回答问题

除了"解方程"和"假设法"，你还有什么方法计算"鸡兔同笼"的问题？

_____

_____

_____

▐◀ 阅 读 新 知 ▣

「数学分支一览」
基础数学

数论	代数学	几何学	拓扑学
函数论	泛函分析	常微分方程	偏微分方程
数学物理	概率论	组合数学	数理逻辑与数学基础

应用数学

数理统计	运筹学	控制论	若干交叉学科	计算机的数学基础

计算数学与科学工程计算

偏微分方程数值计算	初边值问题数值解法及应用
非线性微分方程及其数值解法	边值问题数值解法及其应用
有限元、边界元数值方法	变分不等式的数值方法
辛几何差分方法	数理方程反问题的数值解法
常微分方程数值解法及其应用	数值代数
函数逼近	计算几何
新型算法	

14 第十四课 惯性

　　物体保持静止状态或匀速直线运动状态的性质叫作惯性。一切物体都有惯性。惯性是物体本身的一种性质，是任何物体、任何时候、在任何状态下都具有的属性。

　　惯性的大小与物体的受力情况、速度大小无关，只与物体的质量有关。物体的质量大，它的运动状态不容易改变，我们就说它的惯性大；反之，质量小的物体，运动状态容易改变，惯性就小，所以说，物体质量的大小决定了惯性的大小。例如，一辆缓慢行驶的汽车比一辆高速行驶的摩托车惯性要大，这是因为汽车的质量比摩托车大得多。在日常生活中有很多可以用惯性来解释的现象。例如，人骑自行车时向上抛出手中的球，球之所以落下时会回到手中，是因为球随骑车的人一起向前运动，速度和人的速度一样，所以当球抛起后，还要继续向前运动，会落到人的手中。人跑步时脚碰到石块，必然是向前摔倒，这是由于脚受到石块的阻力立即停止运动，而身体没有受到石块的阻力，还保持原来的运动状态，所以才会向前摔倒。

　　在水平道路上行驶的汽车关闭发动机后不会马上停住，这是不是由于汽车受到了力的原因呢？要回答这个问题，我们先来分析一下惯性和力的区别。首先，这两个物理量的物理意义不同：惯性是指物体具有保持静止状态或匀速直线运动状态的性质，是物体本身的属性，它与外界条件无关；而力是指物体对物体的作用，离开了物体间的相互作用就无所谓力。其次，惯性和力构成的要素不同：惯性只有大小，没有方向和作用点，而大小也没有具体数值，无单位；力则是由大小、方向和作用点三要素构成，它的大小是可以测量的，单位是牛。最后，惯性是保持物体运动状态不变的性质；力则是改变物体运动状态的原因。通过这些比较，你可以回答上面的问题了吗？

　　（改编自以下资料：

　　1.《中国少年儿童百科全书》"惯性"条　墨彩书坊编委会主编.超值全彩中国少年儿童百科全书.旅游教育出版社 2014；

　　2.龚雪龙,浅谈惯性教学.《科学大众·教师版》2019 年 7 期）

生词

1. 惯性	（名）	guànxìng	inertia
2. 保持	（动）	bǎochí	to keep; to maintain
3. 静止	（动）	jìngzhǐ	to stay still
4. 状态	（名）	zhuàngtài	state
5. 匀速直线运动		yúnsù zhíxiàn yùndòng	uniform rectilinear motion
6. 属性	（名）	shǔxìng	property
7. 反之	（连）	fǎnzhī	on the contrary; otherwise
8. 行驶	（动）	xíngshǐ	(of a vehicle,ship,etc) to go; to travel
9. 抛	（动）	pāo	to throw
10. 分析	（动）	fēnxī	to analyze
11. 无所谓	（动）	wúsuǒwèi	cannot be designated as; cannot be taken as

阅读理解

一、根据课文内容选择正确答案

1. 物体惯性的大小与什么有关系？ （　　）

　　A 受力情况　　　　B 速度快慢　　　　C 质量大小　　　　D 运动状态

2. 文中列举了几个用惯性解释的例子？ （　　）

　　A 两个　　　　　　B 三个　　　　　　C 四个　　　　　　D 五个

3. 我们说一个物体惯性大还是惯性小,意思是指它 （　　）

　　A 质量大还是质量小　　　　　　　　B 受到的力多还是少

　　C 运动状态易改变还是难改变　　　　D 运动速度快还是慢

4. 在水平道路上行驶的汽车关闭发动机后不会马上停住,是由于它 （　　）

　　A 仍然受到发动机的拉力的作用　　　B 具有保持原来运动状态的性质

　　C 受到了地面对它较大的摩擦力　　　D 行驶的道路路面非常地光滑

二、根据课文内容判断正误

（　　）1. 世界上所有的物体都有惯性。

（　　）2. 只有运动的物体才有惯性,静止的物体无所谓惯性。

（　　　）3. 一个物体质量的大小是由惯性决定的。

（　　　）4. 由于摩托车的速度比汽车快，所以它的惯性也比汽车大。

（　　　）5. 文章从三个方面分析了惯性和力的不同之处。

三、用括号里给出的词语回答问题

1. 物体的质量和惯性有什么关系？请举例说明。（……，反之……。例如）

_____

_____

2. 人跑步时脚碰到石块，身体为什么会向前摔倒？（由于……所以……）

_____

_____

3. 惯性和力有什么区别？（首先……其次……最后……）

_____

_____

词 语 注 释

1. 与……有关/无关：和……有关系/没有关系。例：

（1）水蒸发的快慢与水的温度和表面积有关。

（2）电阻的大小与导体材料有关，跟导体质量无关。

（3）物体在运动时，加速度的大小不但与它受的力有关，也与它的质量有关。

2. 反之：连词，连接分句或句子，表示后面的情况和前面的相反，或如果条件和前面相反。例：

（1）温度升高，它的体积就会变大；反之，体积就会变小。

（2）海水鱼在淡水中不能生存，反之也一样。

（3）在化学变化的过程中，一定同时发生物理变化；反之，在物理变化的过程中则不会发生化学变化。

3. 之所以……是因为……：前果后因，突出原因或理由。例如：

（1）苹果之所以会从树上掉下来，是因为它受到的重力大于拉力。

（2）物体的运动状态之所以会改变，是因为受到了力的作用。

（3）我们之所以先看到闪电后听到雷声，是因为光速比声速快。

词 语 比 较

"立即"和"马上"

都是表示动作很快就会发生的副词。"立即"多用于书面语,"马上"多用于口语;"马上"有时可以用于主语前,"立即"只能用在动词、形容词前。例如:

(1)接到命令,立即执行。

(2)马上火车就要开了,你还不快点儿!

词 语 练 习

一、用所给词语回答问题

1. A:你觉得哪些因素会影响汽车的行驶速度呢?

   B:汽车的行驶速度_____。(与……有关/无关)

2. 按照正确的实验步骤做实验,就比较安全,_____。(反之)

3. A:我们为什么可以用吸管喝到杯子里的饮料呢?

   B:_____。(之所以……是因为……)

二、用划线的字或词语再组词

1. 惯性——_____

2. 匀速直线运动——_____

3. 阻力——_____

4. 发动机——_____

三、试解释下划线词语在句子中的意思

1.球随骑车的人一起向前运动。

_____

_____

2.要回答这个问题,我们先来分析一下惯性和力的区别。

_____

_____

3.力是指物体对物体的作用,离开了物体间的相互作用就无所谓力。

_____

_____

 快速阅读

阅读 1

热缩冷胀

自然界中有少数物质的脾气很古怪，它们不是热胀冷缩，而是热缩冷胀，也就是反常膨胀。4℃以下的水就具有这种非同寻常的特性。水在此时的密度最大，体积最小。温度逐渐下降时，它的体积反而逐渐增大，结成0℃的冰时，它的体积不是缩小而是胀大，大约比原来增大十分之一。

由于4℃的水密度大，所以在北方寒冷的冬天里，河的表面结了厚厚的一层冰，但在冰层的下面，水温总保持在4℃左右，这为水中生物提供了生存的良好环境。

水的这种反常膨胀的特性可以为人们所利用，如别具风味的冻豆腐，就是使豆腐中的水结冰后，体积膨胀把豆腐中原来的小孔（xiǎokǒng little hole）撑大，当冰融化后，水从一个一个的小孔中流出来，豆腐里就留下了无数个小孔，整块豆腐呈泡沫塑料状。这样的冻豆腐经过烹饪后，小孔里盛满了汤汁，吃起来味道就非常鲜美。

但是水的反常膨胀有时也给人们的生活带来了一些麻烦。比如在冬天，室外的自来水管常常会由于管中的水结冰而被撑破。汽车司机在冬天的晚上常常要把水箱里的水放掉，也是为了防止水箱冻裂。

（选自《身边的物理学》）

生词

1. 非同寻常		fēitóng-xúncháng	extremely unusual
2. 别具风味		biéjù-fēngwèi	（something）have special flavor
3. 撑	（动）	chēng	to expand
4. 防止	（动）	fángzhǐ	to prevent; to avoid
5. 冻裂	（动）	dòngliè	to crack with cold

阅读理解

一、根据课文内容选择正确答案

1. "自然界中有少数物质的脾气很古怪"这句话使用了　　　　　　　（　　）

A 比喻　　　　　B 拟人　　　　　C 夸张　　　　　D 对比

2. "水在此时的密度最大,体积最小" 中的 "此时" 是指　　　　　　　　（　　　）

    A 4℃以下　　　　　　B 4℃以上　　　　　　C 4℃　　　　　　　　D 0℃

3. 下面哪些现象没有体现了水的反常膨胀?　　　　　　　　　　　　　　（　　　）

    A 制作别具风味的冻豆腐　　　　　　B 用冰块冰冻食物

    C 冬天的自来水管被撑破　　　　　　D 冬天汽车水箱被冻裂

4. 文中 "无数" 的意思是　　　　　　　　　　　　　　　　　　　　（　　　）

    A 表示零　　　　　　　　　　　　　B 表示非常多

    C 表示不好计数　　　　　　　　　　D 表示不多

二、根据课文内容回答问题

1. 何为密度? 请写出密度的计算公式。

_____

_____

2. 为什么冰块总是浮在水面上?

_____

_____

3. 在现实生活中,你还发现了哪些热缩冷胀的现象? 请举出一到两个例子。

_____

_____

_____

词 语 练 习

一、画线连接可搭配的词语

脾气　　　　　　　　　　　降低

体积　　　　　　　　　　　鲜美

温度　　　　　　　　　　　古怪

味道　　　　　　　　　　　膨胀

二、写出下列词语的反义词

反常——_____　　　　缩小——_____

下降——_____　　　　厚——_____

良好——_____

阅读 2

小小动物食量大

动物所吃的食物，其中一个主要的功用是保持体温，也就是维持生命。不论生物或死物，其散热的速率，都与这物体和外界接触的表面成正比。动物单位质量的面积愈大，散热速率愈大，所需的食量也愈大。

假设一只猫和一只体形是它两倍的狗，它们每天的食量哪个大呢？

为了简化计算，设两只动物的体形为正立方体。较大的一只其边长为较小的两倍，由于各种动物的密度都和水的密度相近，可视为相等，两只动物的密度均为 ρ，则两者的一些比较如下表：

	猫	狗
边长	l	$2l$
面积	$6l^2$	$6 \times (2l)^2 = 24l^2$
体积	l^3	$(2l)^3$
质量	$l^3 \rho$	$8l^3 \rho$
每单位质量的面积	$6l^2 / l^3 \rho = 6/l \rho$	$24l^2 / 8l^3 \rho = 3/l \rho$

由表中最后一行可知，猫单位质量的面积等于狗两倍，即猫的散热速率也为狗的两倍，所以猫所需的食量是狗的两倍。由此类推，得出动物的体型愈小，其单位质量（重量）所需的食量就愈大。小鸟要勤于觅食才能维持生命就是这个原因。

体型愈小的动物，愈容易散热。同类的动物，生活在寒带的物种，其体型较大，而生活在热带者体型则较小。例如生活在南极（nánjí South Pole）的成年企鹅（qǐ'é penguin）体长约1—2米，而生活在赤道（chìdào equator）的企鹅仅长0.445米。

（选自《生活的物理》）

生 词

1. 体温	（名）	tǐwēn	temperature
2. 正比	（名）	zhèngbǐ	direct ratio
3. 外界	（名）	wàijiè	outside; environment
4. 正立方体	（名）	zhènglìfāngtǐ	regular cube
5. 寒带	（名）	hándài	frigid zone
6. 体型	（名）	tǐxíng	body shape

◀ 阅 读 理 解 ▷

根据课文内容选择正确答案

1. 下面说法中,**不**正确的是 　　　　　　　　　　　　　　　　　(　)

　　A 生物散热的速率,都与这物体与外界接触的表面成正比

　　B 猫的食量比狗大

　　C 体型愈大的动物,愈容易散热

　　D 南极的成年企鹅一般来说要比赤道的长

2. 下列句子中使用"体形""体型"**不**正确的是哪个? 　　　　　　　(　)

　　A 成年人和儿童在体形上有明显的区别

　　B 她的体形很优美

　　C 这个人的体型不协调

　　D 南方人的体型比北方人要小

3. 与"简化"意思相反的是 　　　　　　　　　　　　　　　　　　(　)

　　A 杂化　　　　　　　　　　　　　B 复杂化

　　C 麻烦化　　　　　　　　　　　　D 容易化

4. 最后一段中的"其"是指 　　　　　　　　　　　　　　　　　　(　)

　　A 生活在热带的物种

　　B 生活在寒带的物种

　　C 容易散热的物种

　　D 食量大的物种

5. 本文主要是为了说明什么? 　　　　　　　　　　　　　　　　　(　)

　　A 动物所吃的食物,其中一个主要的功用是保持体温

　　B 生活在寒带的物种,体型较大,而生活在热带者体型则较小

　　C 动物单位质量的面积愈大,散热速率愈大

　　D 动物的体型愈小,其单位质量(重量)所需的食量就愈大

◀ 词 语 练 习 ▷

用划线的字组词

体温——_____

水量——_____

正立方体——_____

寒带——_____

相近——_____

阅读 3

比 萨 斜 塔

位于意大利托斯卡纳比萨城奇迹广场上的比萨斜塔是一座**典型**的罗马式建筑，于1174年开始建造，1350年建成。塔为八层圆形建筑，高54.5米。当建到第三层时，因塔身发生**倾斜**而停建了一个世纪之久。建成时，塔顶中心已**偏离垂直**中心线2.1米。此后，塔身继续慢慢地倾斜，因此人们称它为"斜塔"。自1918年开始测量以来，发现塔身每年平均向南倾斜1毫米，目前塔身向南倾斜5.3度，顶部中心点已偏离垂直中心线达4.86米。

比萨斜塔为什么会倾斜呢？专家们曾为此**争论**了很长时间。进入20世纪后，研究人员使用各种先进设备对斜塔的**地基**土层进行了深入**勘测**。随着对斜塔越来越**精确**的测量，以及对历史档案（dàng'àn files）的研究，得出的结论是：比萨斜塔最初的设计是直立的。后来之所以会倾斜，是因为地基打得不深，地基下面土层的**强度**低造成的。

斜塔建成了八百多年，却始终"斜而不倒"，吸引着世界各地的游客前往游览。意大利政府也采取了多项保护**措施**，控制斜塔的倾斜度，收到了令人满意的效果。

（改编自以下资料：

1. 比萨斜塔——为何"斜"，黄少卿，《我的第一本趣味地理书》（第2版），中国纺织出版社，2017；

2.《中国大百科全书（文物 博物馆卷）》"比萨斜塔"条，中国大百科全书总编辑委员会/中国大百科全书出版社，1993）

生 词

1. 倾斜	（动）	qīngxié	tilting; sloping; inclined
2. 偏离	（动）	piānlí	to deviate; to diverge
3. 垂直	（动）	chuízhí	to be vertical
4. 争论	（动）	zhēnglùn	to argue; to dispute
5. 地基	（名）	dìjī	foundation; ground
6. 勘测	（动）	kāncè	to survey
7. 精确	（形）	jīngquè	accurate; precise
8. 强度	（名）	qiángdù	intensity; strength
9. 措施	（名）	cuòshī	measure; step

专名

1. 意大利	Yìdàlì	Italy
2. 托斯卡纳	Tuōsīkǎnà	Tuscany
3. 比萨城	Bǐsà Chéng	Pisa
4. 奇迹广场	Qíjì Guǎngchǎng	Piazza dei Miracoli
5. 比萨斜塔	Bǐsà Xiétǎ	Leaning Tower of Pisa
6. 罗马	Luómǎ	Rome

阅读理解

一、根据课文内容选择正确答案

1. 比萨斜塔建成时,塔顶偏离垂直中心线　　　　　　　　　　　　　　　　（　　）

   A 1 mm　　　　　　B 2.1 m　　　　　　C 5.3 m　　　　　　D 4.86 m

2. 关于比萨斜塔,文中没有提到它的　　　　　　　　　　　　　　　　　　（　　）

   A 所在位置　　　B 外部形状　　　C 倾斜原因　　　D 设计师

3. 比萨斜塔"斜而不倒"的原因是　　　　　　　　　　　　　　　　　　　　（　　）

   A 采取了保护措施　　　　　　　　B 地基打得不够深

   C 最初设计的结果　　　　　　　　D 地下土层强度低

二、根据课文内容回答问题

1. 请你简单介绍一下比萨斜塔。

   _____

   _____

   _____

2. 比萨斜塔为什么会倾斜?

   _____

   _____

   _____

3. 人们是怎么找出斜塔倾斜的原因的?

   _____

   _____

   _____

▥ 词 语 练 习 ◲

一、解释下列句中划线的词语

1. 比萨斜塔<u>于</u>1173年开始建造,1350年建成。 （　　）
2. 塔<u>为</u>八层圆形建筑,高54.5米。 （　　）
3. 当建到第三层时,因塔身发生倾斜而停建了<u>一个世纪之久</u>。 （　　）
4. 比萨斜塔为什么会倾斜呢? 专家们曾<u>为此</u>争论了很长时间。 （　　）
5. 意大利政府也采取了多项保护措施,收到了<u>令人满意</u>的效果。 （　　）

二、词语搭配

1. 建造		A. 土层
2. 偏离		B. 措施
3. 勘测		C. 结论
4. 采取		D. 中心线
5. 收到		E. 斜塔
6. 得出		F. 效果

▥ 阅 读 新 知 ◲

「科技汉语文章特点」

　　科技文体对客观事物的描述要求准确、完整、逻辑严密。中文科技文章中为了精确性和严密性的要求,经常使用含有许多定语、状语、补语等附加语法成分、语法结构比较复杂、表达具体严密而信息容量较大的单句句式。例如:

　　(1)我国38所大学学报(自然科学版)2003年第一期共发表论文1 064篇。

　　在表示因果、递进、转折等语法关系时,连词的使用必不可少。正确使用连词可以增强表达的逻辑性。例如:

　　(2)动物经常在其生命周期中面临食物资源的短缺**而**受到饥饿胁迫。**即使**在饲养条件下,它们**也**会因食物供给不足**而**经受饥饿。

第十五课　无人驾驶

 **课　文**

　　无人驾驶汽车集自动控制、体系结构（tǐxì jiégòu system architecture）、人工智能、视觉计算（shìjué jìsuàn vision computing）等多种技术于一体，是计算机科学、模式识别（móshì shíbié pattern recognition）和智能控制技术高度发展的产物。简单地讲，无人驾驶汽车的工作原理就是通过车载设备（各种传感器）收集实时路况、交通信号、汽车工作状况等数据，加上高精度地图和GPS地理位置数据，通过信息处理中心进行高速运算和决策从而快速做出反应，实现车辆的自动行驶。

　　无人驾驶汽车之所以能够在无人干预的情况下行驶，就在于它能够高度模仿人类的驾驶行为。人类在驾驶汽车时，涉及眼、脑、手、脚的配合。谷歌公司认为，无人驾驶汽车也像人类驾驶员一样，需要不断地回答涉及人体四个部位的问题，解决了有关这四个部位的问题也就实现了汽车的无人驾驶。

　　我在哪里？无人驾驶汽车通过处理地图和GPS等传感器信息来判断它所在的位置。相对于通常我们使用的GPS导航系统，无人驾驶汽车对GPS的定位精度、抗干扰性的要求更高，既要求GPS系统不间断地对车辆进行定位，同时也要求定位误差不超过一个车道宽度。

　　我周围有什么？传感器帮助探测车辆周围的物体；软件根据尺寸形状、运动模式将物体分类。例如，汽车可以探测是一个骑自行车的人还是一个步行的人。机器视觉（jīqì shìjué machine vision）是无人驾驶汽车的关键技术之一。通过照相机和激光测距仪、雷达（léidá radar）等传感器，计算机持续监控道路和周围环境，获得图像和相关信息（比如停止标识或路上的物体）。

　　接下来会发生什么？车载的人工智能可以系统预测汽车周围的物体接下来会做什么。例如，它预测骑自行车的人会骑车经过而步行的人会穿过街道。

　　我要怎么做？接下来决策和控制系统会为汽车选择一个安全的速度和路线，如避开骑车的人，减速让行人通过。

生 词

1. 车载	（形）	chēzài	vehicle-mounted
2. 实时	（形）	shíshí	synchronous
3. 信号	（名）	xìnhào	signal
4. 处理	（动）	chǔlǐ	to process; to deal with
5. 干扰	（动）	gānrǎo	to disturb; to interfere
6. 抗干扰性		kànggānrǎoxìng	interference immunity
7. 误差	（名）	wùchā	error
8. 探测	（动）	tàncè	to probe
9. 监控	（动）	jiānkòng	to monitor
10. 避开	（动）	bìkāi	to avoid; to shun

阅 读 理 解

一、根据课文内容判断正误

1. （　　）无人驾驶汽车是计算机科学、分子力学和智能控制技术高度发展的产物。

2. （　　）因为无人驾驶汽车能够高度模仿人类的驾驶行为，所以它能够在无人干预的情况下行驶。

3. （　　）谷歌公司认为，无人驾驶汽车也像人类驾驶员一样，需要休息。

4. （　　）相对于通常我们使用的GPS导航系统，无人驾驶汽车对GPS的定位精度、抗干扰性的要求没有那么高。

5. （　　）在无人驾驶汽车上安装传感器主要是为了定位精确。

6. （　　）决策和控制系统会帮助汽车避开骑车的人，减速让行人通过。

二、根据课文内容选择正确答案

1. 下面哪一项**不是**无人驾驶汽车上的车载设备需要搜集到的数据？　　　　（　　）

　　A 实时路况　　　　　　　　　　　　B 人类驾驶员的行为

　　C 交通信号　　　　　　　　　　　　D 汽车工作状况

2. GPS系统对车辆进行定位，要求定位误差不超过几个车道宽度？　　　　（　　）

　　A 一个　　　　　　B 两个　　　　　　C 三个　　　　　　D 不知道

3. 软件根据什么将车辆周围的物体分类？　　　　　　　　　　　　　　（　　）

　　A 物体材质和运动速度　　　　　　　B 物体材质和运动模式

　　C 尺寸形状和运动速度　　　　　　　D 尺寸形状和运动模式

三、回答问题

1. 何为"无人驾驶汽车"？

_____

_____

_____

2. 无人驾驶汽车是如何行驶的？

_____

_____

_____

⫸词语注释⫷

1. 集……于/为一体

多种功能或者才艺集中在某公司、某人或者某设备身上。

（1）本公司是集设计、开发、生产、销售于一体的现代化企业。

（2）搜索引擎（search engine）是一个集多种技术于一体的综合性系统，如何将查询结果快速、准确地提交给用户是评价搜索引擎优劣的一个重要因素。

2. 之所以……，就在于/是因为……

产生某种结果的原因是……

（1）杨振宁之所以被称为科学巨人（giant），就在于他在粒子物理学（particle physics）、统计力学（statistical mechanics）和凝聚态物理（condensed matter physics）等领域作出了重要贡献。

（2）有的电子产品设计师认为，这款产品之所以能成功，是因为新功能满足了消费者的需求。

⫸词语练习⫷

造句

1. 集……于/为一体 _____

2. 之所以……，就在于…… _____

3. ……是……的产物 _____

4. 相对于A，B更…… _____

5. ……之一 _____

6. 接下来 _____

 快速阅读

阅读1

多民族的机器人

被称为人类生活和生产"最忠实的伴侣(bànlǚ partner)"的机器人,近几年来取得了飞速发展,让人们不得不对它们"另眼相看"。

经过几十年的发展,机器人已形成了一个几百万人的"王国"。国际上依据其技术特点和规模大小,机器人能被分为四类:

(1)顺序型。很多在固定岗位(gǎngwèi postion),从事单一工作的"机械手"都属于此类。

(2)沿轨道作业型。往这类机器人中输入程序后,它们能自动控制整个过程。

(3)远距离作业型。我们可以通过设备遥控这类机器人。它们更加灵活,广泛应用于核工业、真空、宇宙、海洋开发等应用领域。

(4)适应型或者智能型。它们具有感知、适应或学习功能,是机器人中最高级的一种。具体来说,它们又分为工业机器人、农业机器人、医疗机器人、体育机器人、服务机器人等。

机器人是人类创造的一种特殊机器,在生产和生活等方面,特别是在危险和极限环境作业中,有着广泛的应用前景。机器人正发展成为一个庞大的家族,代替人们从事各种各样的工作。

目前,机器人王国中的主要成员是工业机器人。中国是世界上最大的工业机器人市场,占全球市场装机量的36%。2018年,装机量约15.4万台,虽然较2017年下降了1%,但依然比欧洲和美洲装机量加在一起还要多。

(改编自《科学与未来——虚拟与数字》)

生词

1. 忠实	(形)	zhōngshí	loyal; faithful
2. 另眼相看		lìngyǎn-xiāngkàn	regard sb. with special

			respect or new views
3. 遥控	(动)	yáokòng	to control in a remote place
4. 真空	(名)	zhēnkōng	vacuum

阅读理解

一、根据课文内容选择正确答案

1. 机器人中最高级的一种是　　　　　　　　　　　　　　　　　　（　　）
   A 顺序型　　　　　　　　　　　　B 沿轨道作业型
   C 智能型　　　　　　　　　　　　D 远距离作业型

2. 机器人王国中,最多的一种是　　　　　　　　　　　　　　　　　（　　）
   A 工业机器人　　　　　　　　　　B 农业机器人
   C 医疗机器人　　　　　　　　　　D 服务机器人

3. 本文在说明方法上,**没有**使用下面的哪一种?　　　　　　　　（　　）
   A 分类别　　　　B 列图表　　　　C 打比方　　　　D 列数字

4. 国际上把机器人分为四类,是根据什么标准分的?　　　　　　　（　　）
   A 技术特点和工作领域　　　　　　B 规模大小和工作领域
   C 工作领域和数量多少　　　　　　D 技术特点和规模大小

5. 2018年机器人装机量最多的国家或地区是　　　　　　　　　　（　　）
   A 美洲　　　　　　　　　　　　　B 欧洲
   C 中国　　　　　　　　　　　　　D 美洲和欧洲

二、根据课文内容判断正误

1. (　　)广泛应用于核工业、真空、宇宙、海洋开发等应用领域的机器人主要是沿轨道作业型的。

2. (　　)机器人主要应用在生产和生活等方面,特别是在危险和极限环境作业中。

3. (　　)输入程序后,能自动控制整个过程的机器人是顺序型的。

三、根据课文内容填空

　　　　　　　人类生活和生产"最忠实的伴侣"的机器人,　　　　　　几年来取得了
　　　　　　发展,让人们　　　　　　对它们"另眼相看"。

　　　　　　　几十年的发展,机器人已　　　　　　了一个几百万人的"王国"。国际上
　　　　　　其技术特点和规模大小,机器人能被分为四类。

阅读 2

网络世界的地址

在互联网上有千百万台主机,为了区分这些主机,人们需要给每台分配一个专门标识,这就是网络世界的地址——IP地址。正如通过家庭地址我们可以找到需要寻找的人一样,通过IP地址我们可以轻松地查找每一台主机。

计算机中处理的IP地址是二进制方式的,每个地址长32比特,如:"11011010000000010100000000100001"就是计算机中一个IP地址的表示形式。在人们的日常记录和记忆中如果也采用这种标记方式,显然非常不方便。为了便于读写和记忆,人们采用了十进制标记方法。即按8个比特为一个字节计算,把一个IP地址分为4个字节,每个字节转换成一个十进制的数字(这些数字应不大于255)。四部分的数字之间用"."分隔,这样就组成了我们常见的IP地址。例如"上海热线"主机地址可以表示为"218.1.64.33"。

十进制的IP地址虽然比二进制的简便一点,但还是不够形象化。为此人们又想出了一种更接近日常语言的表述形式——域名地址。IP地址与域名地址要互相对应,而且保持全网统一。还以"上海热线"的主机为例,它的IP地址是"218.1.64.33",对应到域名的表示方式是www.online.sh.cn。显然,域名要比上面提到的两种IP地址形式好记多了。

为了适合中国人的文字使用习惯,近年还出现了"中文域名系统"。有了它,我们只要在电脑上输入汉字(如:上海热线)就可以登录网页或实现其他功能了。

(选自《原来如此——沟通世界的通信》)

生 词

1. 比特	(量)	bǐtè	bit
2. 转换	(动)	zhuǎnhuàn	to switch; to transform
3. 域名	(名)	yùmíng	domain name

阅 读 理 解

一、根据课文内容选择正确答案

1. 第一段中的"这"是指 （　　）

　　A 互联网　　　　　B 主机　　　　　C 专门标识　　　　D 人们

2. 计算机中处理的IP地址是几进制的? （　　）

　　A 二进制　　　　B 八进制　　　　　C 十进制　　　　　D 十六进制

3. 下面关于互联网的说法中,哪个**不**正确? （　　）

　　A 十进制的IP地址比二进制的IP地址更好记忆

B　每一台电脑都有自己的IP地址

C　域名地址比IP地址更形象

D　互联网上不仅有英文域名系统,而且有中文域名系统

4. 人们创造域名地址的原因是　　　　　　　　　　　　　　　　　　（　　）

A　电脑容易识别　　　　　　　　　　B　人们方便使用

C　可以找到要找的网站　　　　　　　D　可以寻找要找的人

二、根据课文内容填空

1. 计算机处理中的IP地址是_____进制的,每个地址长_____比特。为了方便读写和记忆,人们把它转化为_____进制来标记。

2. 1字节为_____比特,这样,一个二进制的IP地址就可以分成_____个字节。

3. 十进制的IP地址比二进制_____,但是不如域名地址_____。

词语练习

用划线的字组词

便于——_____

形象化——_____

登录——_____

阅读3

自动化的原理

人们为了达到节省体力、提高生产效率的目的,发明了许多自动化机器和设备。这些设备和机器可以在人不直接参与的情况下,按照人们预先设计的程序,根据给定的指标完成很多工作。很多时候,它们做得比人自己动手的效果还好,把人真正从生产过程中解放了出来。

这些设备和机器的种类非常多,形式千差万别,功能也各不相同,每种机器的特点由它们的工作性质决定:有的用于工业中的生产过程自动化,有的则在军事上为导弹制导,为飞机导航。无论干什么,它们都能圆满地完成任务。是什么原因使它们如此能干呢?

自动化设备和机器的关键在于形成反馈。简单地说,反馈就是一个观察、判断、命令、执行的过程。这个过程非常复杂,但无论它多么深奥,都脱离不了以下几个部分:

第一,检测比较装置。它的作用相当于人的眼睛,主要是获得反馈,并且计算我们要达到的目的与现在的实际情况之间的差值。

第二,控制器。它等同于大脑的作用,主要是用来决定应该怎样做。

第三,执行机构。完成控制器下达的决定。

第四,控制量。控制过程,使执行最终达到所要的目的。

现在请围绕这四个要素，分析一下自己身边的一些自动化设备和机器，了解它们的工作原理。

（选自《科学与未来——虚拟与数字》）

生 词

1. 指标	（名）	zhǐbiāo	target aim; index
2. 千差万别		qiānchā-wànbié	to vary greatly
3. 导弹	（名）	dǎodàn	missile
4. 导航	（动）	dǎoháng	to navigate
5. 反馈	（名）	fǎnkuì	feedback
6. 深奥	（形）	shēn'ào	deep; profound
7. 执行	（动）	zhíxíng	to carry out; to execute

阅 读 理 解

一、根据课文内容判断正误

1.（　　）自动化设备和机器可以在人不参与的情况下工作，而且总是做得比人自己动手的效果还好。

2.（　　）自动化设备和机器可以不按照人们预先设计的程序工作。

3.（　　）这些设备和机器主要应用于工业生产和军事领域。

4.（　　）自动化设备和机器的检测比较装置，等同于大脑的作用，主要是用来决定应该怎样做。

二、根据课文内容回答问题

1. 何谓自动化？自动化设备和机器的关键是什么？

_____

_____

_____

2. 反馈的过程通常包括哪几个部分？

_____

_____

_____

◀ 词 语 练 习 ▷

写出本文中出现的含有以下意思的词

形容不同的种类差别很多或相同的种类又有很多不同——＿＿＿＿＿＿＿＿＿＿＿＿＿＿

规定要达到的目标——＿＿＿＿＿＿＿＿＿＿＿＿＿＿＿＿＿＿＿＿＿＿＿＿＿＿＿＿＿

道理、含义高深、难懂——＿＿＿＿＿＿＿＿＿＿＿＿＿＿＿＿＿＿＿＿＿＿＿＿＿＿

泛指信息返回——＿＿＿＿＿＿＿＿＿＿＿＿＿＿＿＿＿＿＿＿＿＿＿＿＿＿＿＿＿＿

◀ 阅 读 新 知 ▷

「汉语中顺序的表达」

　　在汉语中用于列举或表达先后顺序的方法主要有几种：

（1）第一，第二，第三……

（2）首先，其次，再有，最后

（3）先，再，然后，接着，最后

（4）甲，乙，丙，丁……

　　请找出课文中类似的表达方法。

第一课　大气层的形成

阅读理解

一、1 C　2 B　3 D

二、1 跟　一样　形成　2 在　下　3 可以说　因此　对于

三、略

词语练习

一、1 B　2 A　3 B　4 A

二、1 法语跟英语一样没有声调。

2 小王跟我一样喜欢看历史书。

3 植物跟动物一样呼吸。

4 对于飞机制造,我一点也不懂。

5 对于汉语学习,很多人觉得比较难。

6 在我的多次追问下,他才告诉我真相。

7 在植物的参与下,形成了今天的大气。

阅读1

阅读理解

一、1 ×　2 √　3 √　4 ×　5 ×

二、略

词语练习

略

阅读2

阅读理解

略

词语练习

一、频繁——频频　导致——致使

联系——关联　　荒凉——荒僻

可怕——可怖　　散发——挥发

二、略

阅读3

略

第二课　元素周期表

课 文

阅读理解

一、1√　2×　3×　4√　5√　6×　7×

二、1由　100　构成　2放射性　人工　3目前　据　达

三、略

词语练习

一、1据、自从　2具有、称为　3根据、性质

二、1具有　2有　3根据　4据　5据　6组成　7构成

三、垂直——平行　　熟悉——陌生

分解——合成　　清楚——模糊

四、略

五、CO_1 一氧化碳　$NaCl$ 氯化钠　$AlCl_3$ 三氯化铝　SiC 碳化硅　ZnS 硫化锌　KF

氟化钾　H_2 氢气

阅读1

略

词语练习

一、略

二、1材料、器具的使用和制造促进了人类智慧的不断提高。

2"集成半导体"使世界经济和科技得到了高速的发展。

阅读 2

一、石油　污染　开发　替代

二、略

阅读 3

阅读理解

根据课文内容填表

办法 ＼ 塑料袋	无　毒	有　毒
燃烧	火焰为蓝色,火焰上端呈黄色,燃烧时散发出石蜡的气味	极难燃烧,燃烧后火焰显黄色,外边为绿色,有一股刺激气味
用手用力抖动	发出清脆响声	声音又小又闷
放入水中,按到水底	浮上水面	沉在水底
抚摸塑料袋的表面	感觉光滑	粗糙不平

词语练习

一、光滑——粗糙　浮——沉　闷——脆

二、抖、按、抚摸

第三课　记数的历史

阅读理解

一、略

二、略

三、1 13 000　作为　2 因为　加乘　3 由于　除了

词语练习

一、1 使用、所谓、逢、所谓、就是、位置、等于　2 随着、普遍、屡见不鲜　3 除了　4 随着　5 除了　6 还　7 都　8 由于　9 随着

二、屡见不鲜、普遍、符号、痕、快捷、法则

阅读1

略

词语练习

一、常数、无理数、直径

二、略

阅读2

一、元　最高次数　未知数　次数　解　步骤

二、略

三、1 解：设快车开出 x 小时后与慢车相遇，

$$48 + 48x + 70x = 284$$

$$48x + 70x = 284 - 48$$

$$118x = 236$$

$$x = 2$$

答：快车开出2小时后与慢车相遇。

2　　　$(2x+3)^2 = 3(4x+3)$

$$4x^2 + 12x + 9 = 12x + 9$$

$$4x^2 = 0$$

$$\therefore x^1 = x = 0$$

阅读3

一、略

二、略

第四课　一样的压力，不一样的压强

一、略

二、略

三、1 压强=力/面积　2 垂直于　3 根据　取决于

词语练习

一、1 取决于　2 相当于　3 不取决于

二、利用原理　使用公式　根据词典　据了解

三、略

阅 读 1

一、1 ABD　2 C　3 AC

二、塌陷、膨胀

三、略

词语练习

充分、搜索、浮动、减缓、收缩、起始

阅 读 2

一、引力　因而　吸引　运转

二、略

阅 读 3

略

第五课　京东 X 未来餐厅

　课　文

一、1 D　2 C　3 C　4 A

二、略

词语练习

一、略

二、1 C　2 D　3 B　4 A

阅 读 1

一、A-5、B-3、C-1、D-2、E-4

二、1 ✕　2 ✕　3 ✓
三、实时位置　提供精准的实时公交车信息　先搜索目的地除此之外　选择出行方案　直接输入　公交线路

📘 阅读2

略

词语练习

奇怪——离奇　　没有原因——无缘无故
缓慢——迟钝　　平常——寻常　　改变——更改

📘 阅读3

略

词语练习

1 大商场的物品包罗万象。
2 广州市私人拥有的汽车已达上百万辆了。
3 网络一方面给人们带来方便,另一方面也有一些不利影响。
4 他买了一台崭新的电脑。
5 在这个网络迅速发展的时代,线上支付的功能越来越强大。

第六课　反应速率

阅读理解

一、1 ABC　2 ACD　3 B　4 BD
二、略

词语练习

1 若、则　2 分解　3 若、则　4 意味着　5 保证　6 意味着　7 相当于、从而

📘 阅读1

1 D　2 AB　3 AD　4 AB

词语练习

一、免疫功能、肮脏、无法比拟、来得及

二、略

阅读 2

一、略

二、略

阅读 3

一、随着　逐渐　分解　生成

二、略

第七课　口渴的隐形眼镜

一、1 ABC　2 A　3 C　4 ACD

二、1 除了　以外　还　2 然后　般　一样　连　也　与　即使　也
　　3 占　达　以

词语练习

一、绿化、简化；洗涤剂、消毒剂；农业、商业；遗传性、弹性。

二、1 小王在这次乒乓球比赛中大显身手。

　　2 这个医院拥有非常先进的医疗设备。

　　3 现在火车以120公里/小时的速度行驶。

　　4 她的声音像银铃般动听。

　　5 我们可以使用保险丝或断电开关来确保用电安全。

　　6 有些元素因为具有良好的性能和奇特作用而被广泛应用到食品、药品等多个领
　　　域中去。

　　7 中国人口占世界人口的1/5。

阅读 1

一、由　组成　一旦　收集　设定　瞬时　保护　保障

二、1 ✕   2 ✕   3 √   4 ✕   5 ✕   6 √

三、略

词语练习

1 援救   2 配置   3 可取   4 事故

阅 读 2

略

词语练习

常见——常常见到的,很普遍的。

光可鉴人——闪闪发光,可以照见人影。

光洁如初——光滑洁净好像没有用过一样。

光彩夺目——形容光泽、颜色耀眼好看。

再好不过——非常好,没有更好的。

阅 读 3

1 汽车排放的有毒气体、酸雨和光化学烟雾等

2 不产生有害排放物,对空气不构成污染或污染很少的能源

3. 在燃烧时会产生二氧化碳等有害气体,不能算

4 太阳能、风能、潮汐能、地热能、氢能等   设计得当,遵守操作规程,保证反应堆的安全

5 开发利用的成本很高

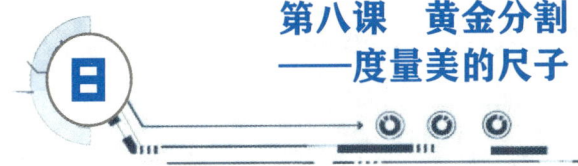

第八课　黄金分割
——度量美的尺子

课 文

一、1 美感的参考   2 0.618   3 理想的黄金分割点   4 都低于

　　5 演员表演的时候把脚踮起来了,使躯干增长6—8厘米,从而使得躯干与身高的
　　　比更加接近0.618

二、1 第一个"此"指"人体躯干与身高的比例",第二个"此"是指"0.618"。

　　2 "此"是指"穿上高跟鞋","之"是指"躯干的长度"。

三、略

词语练习

一、1 愈、愈、换言之、由、至 2 纷纷 3 享受 4 协调

二、1 八比四等于二比一。

2 这场比赛我们队以三比一取得了胜利。

3 这幅地图的比例尺为：一比五万。

阅读1

一、1 ACD 2 AC 3 C 4 D

二、1 来 被

2 不是 而是 实际

3 在于 之间 并

词语练习

圆顶的建筑——穹隆建筑

不易坏的——坚固

拼装连接在一起——拼接

两条线相互交叉的地方——交点

不浪费——节省

相差不远——接近

有多个面的物体——多面体

阅读2

一、1 √ 2 × 3 √ 4 × 5 ×

二、1 4 2 X

词语练习

与日俱增——随着岁月一同增加

如此类推——比照某一事物的道理推出跟它同类的其他事物的道理

由此可见——从这可以看出

复核——审查核对

阅读3

一、1 AD 2 B 3 C 4 D

二、1 之一 2 270 146.6 220 3 正方形 三角形 4 乘以 1个天文单位 无几

5 中心线 6 勾股定理

9 第九课 推省力还是拉省力

课 文

一、1√　2×　3×　4√

二、略

词语练习

一、略

二、1原则、克服、费劲、反过来、省力　2以、为　3究竟　4沿　5与、相关　6由

三、加大——减小　推——拉　省力——费劲　合力——分力　水平——竖直

阅读1

一、略

二、1在青岛和蓬莱,经常会出现一种奇怪现象。

　　2这是在光通过密度不同的物质时发生的折射现象。

　　3上层空气和下层空气的密度由于温度的差异而变化明显。

三、略

词语练习

经常——罕见　　远处——近处

奇怪——寻常　　陆地——海洋

朦朦胧胧——清清楚楚　　陌生——熟悉

特定——普通　　差异——相同

阅读2

一、1吸收　尤其　积存　在　下　2赤足　伸展　清爽

二、1D　2C　3A　4B　5B

阅读3

一、1制造材料具有不透气性

　　2形成一层不透气的水膜　水的表面张力

　　3两个裤管口和腰围

二、24135

词语练习

一、沉——浮　　干——湿

　　永久——暂时　　安全——危险

　　收缩——鼓胀　　打开——束紧

　　缓慢——迅速

二、暂时——临时

　　随即——马上

　　令——使得

第十课　互联网世界的电子地图

一、1 AD　2 ABC　3 ABCD　4 C　5 AE

二、1 只要　再　就　2 相似　而　3 登录　网站　按照　以　输入　定位　点击

词语练习

一、1 依据　2 按照　3 根据　4 按照　5 依据

　　1 采用　2 使用　3 采用　4 应用

二、1 说到　2 关键　3 依据　4 迅速　5 特点

阅读1

一、1 ×　2 ×　3 ×　4 √　5 ×　6 √

二、1.答：① 就诊前,病人可以知道自己是否应该就诊,应该找谁就诊；② 就诊时,病人可以清晰了解在何时、去何处、找谁看病；③ 在诊疗室,可以进行一站式诊疗；④ 就诊后,医生可以追踪病人情况,病人也能随时了解自己的身体状况。

　　2. 答：利用信息化,可以实现病人与探访者的远程探视,避免一些病情的蔓延,缩短恢复进程。

三、化：朝某种状态或样子改变、转变

　　室：房间、空间

　　医：治疗

　　系统：由部分组成的整体

阅读2

一、1 分区攻击

   2 一台电脑　一个SIM卡阅读器　一个软件程序

   3 不要随便把手机借给陌生人

二、362145

词语练习

二、1 D　2 A　3 B　4 E　5 C

阅读3

一、1 B　2 D　3 B　4 B

二、1.略

   2.① 我想你；② 虽然不明白,但觉得很厉害；③ I love you的谐音

11　第十一课　人类的理想膳食

一、1 √　2 ×　3 √　4 ×

二、

	主要作用	被消化的地方	被吸收的形式
碳水化合物	能量的来源,呼吸作用的基础物质,氧化释放能量用于激活转运、合成大分子、细胞分裂和肌肉收缩	口腔和小肠	葡萄糖
脂　肪	能量的来源,在细胞膜中有重要作用,也是一些激素的成分	小肠	脂肪酸和甘油
蛋白质	做酶、运输系统、激素和抗体等	胃	氨基酸

三、1 蛋白质　消瘦　营养不良　2 足够　均衡　理想　3 在　下　首先　为了

词语练习

一、1 用　2 根据、按照　3 因为　4 根据、按照

二、1 基础　2 基本　3 基础　4 分裂　5 分解　6 均衡　7 平衡

三、略

阅读 1

一、略

二、1 × 　2 × 　3 √ 　4 √

词语练习

1 培养教育　2 种植并细心管理　3 能够成功的机率　4 父亲母亲

5 不能在发生以前推想到　6 能够抵抗寒冷和疾病

阅读 2

一、A—2—②,B—3—①,C—1—③

二、1 √ 　2 × 　3 × 　4 √

三、略

阅读 3

一、1 × 　2 √ 　3 ×

二、1 D 　2 D 　3 A

三、略

词语练习

1 E 　2 F 　3 G 　4 A 　5 B 　6 C 　7 D

第十二课　陶器的诞生

一、略

二、1 B 　2 D 　3 C 　4 B 　5 D

三、1 生灵　美　2 不仅　还　以　居多

　　3 为了　以便　导致　不但　而且

词语练习

略

阅读 1

一、1 C 　2 D 　3 B 　4 C

二、略

三、略

词语练习

一旦——万一　　毫无疑问——肯定

照料——照顾　　优异——优秀

阅 读 2

一、1 ×　2 √　3 ×　4 √

二、1 ABCD　2 ABC　3 B　4 C

三、略

词语练习

一般情况下——通常

刚刚出现的——问世不久

看名字想到它的意思——顾名思义

感觉敏锐、反应很快——敏感

在同类中表现出更好——崭露头角

阅 读 3

一、1 B　2 A　3 D　4 D　5 C

二、略

词语练习

智慧——（智力）、（智商）　　乳头状——（鱼鳞状）、（形状）

弹性——（特性）、（惯性）　　流线型——（大型）、（典型）

13　第十三课　函　数

课 文

一、1 √　2 √　3 ×　4 √　5 ×

二、1 D　2 A　3 A　4 B

三、略

词语练习

略

阅 读 1

一、1 × 2 √ 3 √ 4 × 5 ×

二、1 天是圆形的,地球是四方形的

　　2 虽然　但是

　　3 先　然后　就　由于　如果　那么

三、略

词语练习

一、1 就是……理论　2 太阳的影子　3 根据图可以推导出　4 测量得到

阅 读 2

一、1 √ 2 × 3 ×

二、1 B 2 A 3 D

三、略

词语练习

栏杆、广告栏;运动场、游乐场;正比、比率;实绩、成绩

阅 读 3

一、1 √ 2 ×

二、略

三、略

14 第十四课　惯　性

课 文

一、1 C 2 B 3 C 4 B

二、1 √ 2 × 3 × 4 × 5 √

三、1 质量大的物体,运动状态不容易改变,惯性就大;反之,质量小的物体,运动状态

容易改变,惯性就小。例如,一辆汽车的惯性比一辆摩托车的大。

2 这是由于脚受到石块的阻力立即停止运动,而身体没有受到石块的阻力,还保持原来的运动状态继续向前,所以才会向前摔倒。

3 首先,这两个物理量的物理意义不同;其次,惯性和力构成的要素不同;最后,惯性是保持物体运动状态不变的性质,而力则是改变物体运动状态的原因。

词语练习

一、1 汽车的行驶速度与路面的情况、风向和风力等因素有关。

2 反之就比较危险。

3 我们之所以可以用吸管喝到杯子里的饮料,是因为有大气压强的作用。

二、1 感性　理性　惰性

2 机械运动　圆周运动　匀变速直线运动

3 动力　压力　重力

4 起重机　电视机　洗衣机

三、1 跟着

2 不同

3 互相;没有什么,说不上

阅读1

一、1 B　2 C　3 B　4 B

二、略

词语练习

一、脾气古怪;体积膨胀;温度降低;味道鲜美。

二、反常——正常　　缩小——扩大

下降——上升　　厚——薄

良好——恶劣

阅读2

1 C　2 A　3 B　4 B　5 D

词语练习

室温;食量;正三角形;热带;相斥。

阅读3

一、1 B　2 D　3 A

二、1 比萨斜塔位于意大利托斯卡纳比萨城奇迹广场上,是一座典型的罗马式建筑,建造于1174年,1350年建成。塔为八层圆形建筑,高54.5米。目前塔身向南倾斜5.3度,顶部中心点偏离垂直中心线4.86米。

2 比萨斜塔之所以会倾斜,是因为地基打得不深,地基下面土层的强度低造成的。

3 研究人员使用各种先进设备对斜塔的地基土层进行了深入勘测,对斜塔进行了精确的测量,还研究了历史档案,才找到了斜塔倾斜的原因。

词语练习

一、1 在 2 是 3 一个世纪这么长的时间 4 因为这个问题 5 让人们感到满意

二、1 E 2 D 3 A 4 B 5 F 6 C

第十五课　无人驾驶

一、1 × 2 √ 3 × 4 × 5 × 6 √

二、1 B 2 A 3 D

三、略

词语练习

略

阅读 1

一、1 C 2 A 3 B 4 D 5 C

二、1 × 2 √ 3 ×

三、被称为　近　飞速　不得不
　　经过　形成　依据

阅读 2

一、1 C 2 A 3 B 4 B

二、1 二　32　十　28 4 3 简便　形象

词语练习

利于；现代化；登机

阅 读3

一、1 √　2 ×　3 √　4 ×

二、略

词语练习

千差万别；指标；深奥；反馈。

生词表

A

1.	安全气囊		ānquán qìnáng	safe gasbag	7
2.	氨基酸	（名）	ānjīsuān	amino acid	6
3.	奥秘	（名）	àomì	arcanum; secret	12

B

4.	半导体	（名）	bàndǎotǐ	semiconductor	2
5.	包罗万象		bāoluó-wàngxiàng	all-embracing	5
6.	保持	（动）	bǎochí	to keep; to maintain	14
7.	保健	（动）	bǎojiàn	health care	9
8.	保鲜	（动）	bǎoxiān	to keep fresh	7
9.	保险丝	（名）	bǎoxiǎnsī	fuse	4
10.	爆炸	（动）	bàozhà	to explode	4
11.	悲剧	（名）	bēijù	tragedy	7
12.	比例	（名）	bǐlì	proportion	1
13.	比特	（量）	bǐtè	bit	15
14.	比喻	（动）	bǐyù	to compare	10
15.	比值	（名）	bǐzhí	ratio	3
16.	避开	（动）	bìkāi	to avoid; to shun	15
17.	便捷	（形）	biànjié	convenient	5
18.	辨别	（动）	biànbié	to distinguish	8
19.	标杆	（名）	biāogān	surveyor's pole	13
20.	标志	（名）	biāozhì	sign; mark	2
21.	别具风味		biéjù-fēngwèi	(something) have special flavor	14
22.	丙烯酸类		bǐngxīsuānlèi	chemical material	7
23.	病毒	（名）	bìngdú	virus	5
24.	波动	（动）	bōdòng	to wave; to fluctuate	10
25.	不良	（形）	bùliáng	harmful	1
26.	步骤	（名）	bùzhòu	procedure	3

C

27.	采用	（动）	cǎiyòng	to use; to adopt	10
28.	参考	（名）	cānkǎo	reference	8
29.	参照物	（名）	cānzhàowù	object of reference	10
30.	操作	（动）	cāozuò	to operate; to manipulate	3
31.	侧	（名）	cè	side	13
32.	茶多酚	（名）	cháduōfēn	green tea polyphenols	6
33.	差距	（名）	chājù	gap; difference	13
34.	长方体	（名）	chángfāngtǐ	cuboid	4
35.	超微量元素		chāowēiliàng yuánsù	super microelement	11
36.	车毁人亡		chēhuǐ-rénwáng	vehicle ruins and people die	7
37.	车载	（形）	chēzài	vehicle-mounted	15
38.	撑	（动）	chēng	to expand	14
39.	成本	（名）	chéngběn	cost	7
40.	成分	（名）	chéngfèn	component	1
41.	呈	（动）	chéng	to appear; to assume	11
42.	乘积	（名）	chéngjī	product	8
43.	程序	（名）	chéngxù	program	5
44.	尺	（量）	chǐ	*chi* (measure word)	13
45.	冲刺	（动）	chōngcì	to sprint; to spurt	12
46.	冲泡	（动）	chōngpào	to steep	6
47.	崇拜	（动）	chóngbài	to worship; to adore	12
48.	出版商	（名）	chūbǎnshāng	publisher; bookman	8
49.	出没	（动）	chūmò	to appear and disappear	6
50.	处理	（动）	chǔlǐ	to process; to deal with	15
51.	触电	（动）	chùdiàn	to get an electric shock	9
52.	传导体	（名）	chuándǎotǐ	transmitter; conductor	9
53.	传动	（动）	chuándòng	to drive; to transit	12
54.	传感器	（名）	chuángǎnqì	sensor	7
55.	创新	（动）	chuàngxīn	to bring forth new ideas	5
56.	垂直	（动）	chuízhí	to be vertical	14
57.	磁场	（名）	cíchǎng	magnetic field	7
58.	此	（代）	cǐ	this	8
59.	次数	（名）	cìshù	degree	3

60.	刺	(动)	cì	to stick; to puncture	4
61.	刺激	(形)	cìjī	irritating	2
62.	催化剂	(名)	cuīhuàjì	activator	6
63.	寸	(量)	cùn	*cun* (measure word)	13
64.	措施	(名)	cuòshī	measure; step	14

D

65.	大气层	(名)	dàqìcéng	aerosphere	1
66.	单位长度		dānwèi chángdù	unit length	3
67.	导弹	(名)	dǎodàn	missile	15
68.	导航	(动)	dǎoháng	to navigate	15
69.	盗用	(动)	dàoyòng	to peculate; to embezzle	10
70.	登录	(动)	dēnglù	to log in	10
71.	等式	(名)	děngshì	equation	3
72.	等于	(动)	děngyú	to equal to	4
73.	底面	(名)	dǐmiàn	underside	8
74.	地基	(名)	dìjī	foundation; ground	14
75.	典型	(形)	diǎnxíng	typical	2
76.	电磁场	(名)	diàncíchǎng	electromagnetism	9
77.	电极	(名)	diànjí	pole; electrode	12
78.	电解质	(名)	diànjiězhì	electrolyte	6
79.	电离	(名)	diànlí	ionization	6
80.	电路	(名)	diànlù	electric circuit	2
81.	电子元件		diànzǐ yuánjiàn	electronic component	2
82.	顶点	(名)	dǐngdiǎn	acme; peak	13
83.	定位	(动)	dìngwèi	to orientate	5
84.	动力	(名)	dònglì	impetus	2
85.	冻裂	(动)	dòngliè	to crack with cold	14
86.	抖动	(动)	dǒudòng	to shake	2
87.	度量	(动)	dùliáng	to measure	8
88.	短路	(动)	duǎnlù	short	4
89.	断电器	(名)	duàndiànqì	the socket to cut the circuit	4
90.	对称	(形)	duìchèn	symmetrical	13
91.	多面体	(名)	duōmiàntǐ	polyhedron	8

92.	额定电流		édìng diànliú	rating electric current	4

93.	发馊	（动）	fāsōu	to get sour	6
94.	法则	（名）	fǎzé	rule	3
95.	繁殖	（名）	fánzhí	reproduction	1
96.	反比例	（名）	fǎnbǐlì	inverse ratio	13
97.	反馈	（名）	fǎnkuì	feedback	15
98.	反射	（动）	fǎnshè	to reflect	1
99.	反应堆	（名）	fǎnyìngduī	reactor	7
100.	反之	（连）	fǎnzhī	on the contrary; otherwise	14
101.	方案	（名）	fāng'àn	scheme; plan; programme; project	5
102.	方程	（名）	fāngchéng	equation	3
103.	防止	（动）	fángzhǐ	to prevent; to avoid	14
104.	放射性	（名）	fàngshèxìng	radioactivity	2
105.	非同寻常		fēitóng-xúncháng	extremely unusual	14
106.	费劲	（动）	fèijìn	to need great effort	9
107.	分解	（动）	fēnjiě	to decompose	1
108.	分母	（名）	fēnmǔ	denominator	3
109.	分散	（动）	fēnsàn	to disperse	4
110.	分析	（动）	fēnxī	to analyze	14
111.	分支	（名）	fēnzhī	branch	13
112.	分子	（名）	fēnzǐ	molecule	12
113.	粉末状	（形）	fěnmòzhuàng	farinose	6
114.	粉碎	（动）	fěnsuì	to smash; to crush	7
115.	风行	（动）	fēngxíng	to be in popular	7
116.	逢	（动）	féng	to encounter	3
117.	缝隙	（名）	fèngxì	aperture	9
118.	伏特	（量）	fútè	volt	9
119.	浮	（动）	fú	to float	9
120.	符合	（动）	fúhé	to accord with	11
121.	辐射	（名）	fúshè	radiation	1
122.	负数	（名）	fùshù	negative	3

123.	附	（动）	fù	to attach	7
124.	复制	（动）	fùzhì	to copy	10

G

125.	概念	（名）	gàiniàn	concept	5
126.	干扰	（动）	gānrǎo	to disturb; to interfere	15
127.	感光体	（名）	gǎnguāngtǐ	sensitization material	1
128.	感染	（动）	gǎnrǎn	to infect	5
129.	更新	（动）	gēngxīn	to update	10
130.	公交	（名）	gōngjiāo	public transport	5
131.	公式	（名）	gōngshì	formula	4
132.	功能	（名）	gōngnéng	function	5
133.	攻击	（动）	gōngjī	to attack; to assault	10
134.	供氧	（动）	gōngyǎng	to supply oxygen	7
135.	贡献	（名）	gòngxiàn	contribution	8
136.	勾股定理		gōugǔ dìnglǐ	pythagorean theorem	8
137.	固然	（连）	gùrán	of course; no doubt	11
138.	固体	（名）	gùtǐ	solid	1
139.	故障	（名）	gùzhàng	malfunction; trouble	4
140.	拐弯	（动）	guǎiwān	to turn the corner	9
141.	关联	（名）	guānlián	association	10
142.	惯性	（名）	guànxìng	inertia	14
143.	光合作用		guānghé-zuòyòng	photosynthesis	1
144.	光滑	（形）	guānghuá	smooth	2
145.	光化学烟雾		guānghuàxué yānwù	photochemical smog	7
146.	规则	（名）	guīzé	rule	12
147.	过渡	（动）	guòdù	transit	2

H

148.	海市蜃楼		hǎishì-shènlóu	name of a physical phenomenon	9
149.	含量	（名）	hánliàng	content	11
150.	函数	（名）	hánshù	function	13
151.	寒带	（名）	hándài	frigid zone	14
152.	合同	（名）	hétóng	agreement	5
153.	核能	（名）	hénéng	nuclear energy	7

154.	核心	（名）	héxīn	core	7
155.	黑客	（名）	hēikè	hacker	10
156.	衡量	（动）	héngliáng	to weigh; to scale	6
157.	宏量元素		hóngliàng yuánsù	macroelement	11
158.	后代	（名）	hòudài	offspring	11
159.	后台	（名）	hòutái	backstage; background	5
160.	互联网	（名）	hùliánwǎng	internet	2
161.	化纤	（名）	huàxiān	chemical fiber	9
162.	化学键	（名）	huàxuéjiàn	chemical bond	6
163.	环保	（形）	huánbǎo	environment-friendly	1
164.	环节	（名）	huánjié	link; segment	5
165.	患	（动）	huàn	to suffer from（illness）	11
166.	荒漠化	（形）	huāngmòhuà	turning into desert	7
167.	黄金分割		huángjīn fēngē	golden section	8
168.	活化	（动）	huóhuà	to activate	6

J

169.	机器人	（名）	jīqìrén	robot	5
170.	机体	（名）	jītǐ	organ	11
171.	基因工程		jīyīn gōngchéng	gene engineering	11
172.	激活	（动）	jīhuó	to activate	11
173.	激素	（名）	jīsù	hormone	11
174.	极限	（名）	jíxiàn	high point; limit	7
175.	集成	（动）	jíchéng	to integrate	2
176.	记录	（动）	jìlù	to note; to record	3
177.	继承	（动）	jìchéng	to succeed; to inherit	11
178.	加剧	（动）	jiājù	to exacerbate; to embitter; to accelerate	1
179.	加压	（动）	jiāyā	to add pressure	1
180.	夹角	（名）	jiājiǎo	nipped angle	8
181.	假设	（动）	jiǎshè	hypothesis; to suppose	9
182.	尖端	（形）	jiānduān	sophisticated	7
183.	坚固	（形）	jiāngù	firm	8
184.	坚硬	（形）	jiānyìng	hard; solid	12
185.	监控	（动）	jiānkòng	to monitor	15

186.	检测	（动）	jiǎncè	to detect	10
187.	检索	（动）	jiǎnsuǒ	to search	10
188.	简称	（名）	jiǎnchēng	abbreviation	3
189.	简化	（动）	jiǎnhuà	to simplify; to reduce	2
190.	简略	（形）	jiǎnlüè	brief; sketchy; simple	10
191.	建筑业	（名）	jiànzhùyè	architecture industry	7
192.	交点	（名）	jiāodiǎn	point of intersection	8
193.	交易	（名）	jiāoyì	dealing; business	5
194.	皆	（副）	jiē	all; both	13
195.	接触	（动）	jiēchù	to touch	4
196.	结构	（名）	jiégòu	structure	8
197.	结论	（名）	jiélùn	conclusion	13
198.	截	（动）	jié	to cut	9
199.	界限	（名）	jièxiàn	dividing line; boundary	3
200.	金属性	（名）	jīnshǔxìng	metal attribute	2
201.	金字塔	（名）	jīnzìtǎ	pyramid	8
202.	近似	（形）	jìnsì	approximate	3
203.	经济型	（形）	jīngjìxíng	economic	7
204.	经营	（动）	jīngyíng	to manage	5
205.	精度	（名）	jīngdù	precision	12
206.	精确	（形）	jīngquè	accurate; precise	14
207.	精确值	（名）	jīngquèzhí	accurate value	3
208.	精准	（副）	jīngzhǔn	accurately	5
209.	静止	（动）	jìngzhǐ	to stay still	14
210.	矩形	（名）	jǔxíng	rectangle	13
211.	聚甲基丙烯酸羟乙酯		jùjiǎjībǐngxīsuān qiǎngyǐzhǐ	chemical material	7
212.	绝缘体	（名）	juéyuántǐ	insulator; nonconductor	9
213.	均衡	（形）	jūnhéng	balanced; even	11

K

214.	开发	（动）	kāifā	to develop; to exploit	2
215.	勘测	（动）	kāncè	to survey	14
216.	抗	（动）	kàng	to resist	6

217.	抗癌活性蛋白		kàng' ái huóxìng dànbái	anti-cancer active protein	6
218.	抗干扰性		kànggānrǎoxìng	interference immunity	15
219.	抗菌活性蛋白		kàngjūn huóxìng dànbái	antibiotic active protein	6
220.	抗氧化剂	（名）	kàngyǎnghuàjì	antioxidant	6
221.	考察	（动）	kǎochá	to examine; to inspect	8
222.	克服	（动）	kèfú	to overcome	4
223.	克隆	（动）	kèlóng	to clone	10
224.	客观	（形）	kèguān	objective	8
225.	客户端	（名）	kèhùduān	client-side; client	5
226.	括号	（名）	kuòhào	parenthese; bracket	3

L

227.	来自于	（动）	láizìyú	to come from	10
228.	赖以生存		làiyǐ shēngcún	important for living	1
229.	冷落	（动）	lěngluò	to treat coldly	12
230.	冷却	（动）	lěngquè	to cool; to refrigerate	12
231.	离奇	（形）	líqí	odd; queer	5
232.	里	（量）	lǐ	*li* (measure word)	13
233.	粒子模型		lìzǐ móxíng	particle model	6
234.	联比	（名）	liánbǐ	joint ratio	13
235.	链接	（名）	liànjiē	interlinkage	10
236.	了解	（动）	liǎojiě	to understand; to find out	10
237.	另眼相看		lìngyǎn-xiāngkàn	to regard sb. with special respect or new views	15
238.	流线型	（名）	liúxiànxíng	shape of streamline	12
239.	屡见不鲜		lǚjiàn-bùxiān	common occurrence; nothing new	3

M

240.	酶	（名）	méi	enzyme	11
241.	朦朦胧胧	（形）	méngméng-lónglóng	obscure; not clear	9
242.	谜团	（名）	mítuán	riddle	8
243.	密度	（名）	mìdù	density	9

244.	密码	（名）	mìmǎ	password; cipher	10
245.	密切	（形）	mìqiè	consanguineous; related with	11
246.	免疫功能		miǎnyì gōngnéng	function of immunity	6
247.	描绘	（动）	miáohuì	to describe; to draw	12
248.	模仿	（动）	mófǎng	to imitate	12
249.	模式	（名）	móshì	model	5
250.	摩擦力	（名）	mócālì	friction	9

N

251.	纳米	（名）	nàmǐ	namometer	7
252.	内存	（名）	nèicún	EMS memory	5
253.	内分泌	（名）	nèifēnmì	internal secretion; incretion	9
254.	内涵	（名）	nèihán	connotation	10
255.	内接	（动）	nèijiē	to inscribe	3
256.	能量	（名）	néngliàng	energy	1
257.	能源	（名）	néngyuán	energy resource	2
258.	溺水	（动）	nìshuǐ	to drown	9
259.	牛顿	（量）	niúdùn	unit of force	4
260.	农历	（名）	nónglì	a kind of calendar in ancient China	13
261.	浓度	（名）	nóngdù	thickness; consistency	6

O

262.	偶然	（副）	ǒurán	accidentally	12

P

263.	帕斯卡	（量）	pàsīkǎ	unit of pressure intensity	4
264.	排便	（动）	páibiàn	to defecate	6
265.	排列	（动）	páiliè	to arrange; to put in order	2
266.	抛	（动）	pāo	to throw	14
267.	抛物线	（名）	pāowùxiàn	parabola	9
268.	配对	（动）	pèiduì	to match	11
269.	配置	（动）	pèizhì	to deploy; to scheme	7
270.	膨胀	（动）	péngzhàng	to expand; to swell	4
271.	碰撞	（动）	pèngzhuàng	to collide; to impact	6
272.	偏离	（动）	piānlí	to deviate; to diverge	14

273.	拼接	（动）	pīnjiē.	to piece together; to patch up	8
274.	频繁	（副）	pínfán	frequently; repeatedly	1
275.	平方厘米	（量）	píngfāng límǐ	square centimeter	13
276.	平面	（名）	píngmiàn	plane	8
277.	普遍	（形）	pǔbiàn	general; common	3

Q

278.	其	（代）	qí	it	2
279.	奇迹	（名）	qíjì	miracle	7
280.	启动	（动）	qǐdòng	to start; to pulse-on	5
281.	千差万别		qiānchā-wànbié	to vary greatly	15
282.	签订	（动）	qiāndìng	to sign	5
283.	强度	（名）	qiángdù	intensity; strength	14
284.	切割	（动）	qiēgē	to incise	7
285.	倾斜	（动）	qīngxié	tilting; sloping; inclined	14
286.	清脆	（形）	qīngcuì	clear and melodious	2
287.	穹隆建筑		qiónglóng jiànzhù	arched roof building	8
288.	求	（动）	qiú	to strive for; to seek	3
289.	区域	（名）	qūyù	region; area	8
290.	驱动	（动）	qūdòng	to impel	2
291.	趋势	（名）	qūshì	trend direction; tendency	2
292.	取决于	（动）	qǔjuéyú	to lie on	4
293.	缺一不可		quēyībùkě	indispensable	3

R

294.	扰乱	（动）	rǎoluàn	to disturb	12
295.	绕	（动）	rào	to surround	4
296.	人工合成		réngōng héchéng	synthetic	2
297.	人机界面		rénjī jièmiàn	human machine interface	10
298.	人造卫星		rénzào wèixīng	man-made satellite	4
299.	认定	（动）	rèndìng	to recognize; to confirm	11
300.	日新月异		rìxīn-yuèyì	to chang with each passing day	5
301.	容纳	（动）	róngnà	to hold; to have a capacity of	5
302.	溶液	（名）	róngyè	solution	6
303.	熔点	（名）	róngdiǎn	melting point	12

304.	熔断	（动）	róngduàn	to melt	4
305.	融化	（动）	rónghuà	to dissolve	1
306.	柔软	（形）	róuruǎn	soft	7
307.	如果…… 就……	（连）	rúguǒ … jiù …	if, in case（It indicates a supposition. It is often used together with "就"）	10
308.	若干	（代）	ruògān	a certain number or amount	13

S

309.	赛程	（名）	sàichéng	distance（of a racing game）	13
310.	三角形	（名）	sānjiǎoxíng	triangle	8
311.	善变	（形）	shànbiàn	capricious	12
312.	烧毁	（动）	shāohuǐ	to burn	4
313.	舍	（动）	shě	to abandon	8
314.	设	（动）	shè	to suppose	8
315.	设定	（动）	shèdìng	to enact	7
316.	伸展	（动）	shēnzhǎn	to extend	13
317.	深奥	（形）	shēn'ào	deep; profound	15
318.	神经信号		shénjīng xìnhào	nervous signal	1
319.	生化反应		shēnghuà fǎnyìng	biochemistry reaction	1
320.	生灵	（名）	shēnglíng	beings	12
321.	生态环境		shēngtài huánjìng	ecological environment	1
322.	失调	（动）	shītiáo	to be imbalanced	11
323.	失眠	（动）	shīmián	to suffer from insomnia	9
324.	石油	（名）	shíyóu	petroleum	2
325.	识别	（动）	shíbié	to distinguish	2
326.	实时	（形）	shíshí	actual time; real time	5
327.	实时	（形）	shíshí	synchronous	15
328.	事故	（名）	shìgù	accident	7
329.	视野	（名）	shìyě	vision; horizon	13
330.	是否	（副）	shìfǒu	if; whether or not	8
331.	输出	（名）	shūchū	output	2
332.	输入	（动）	shūrù	to input	5
333.	束	（动）	shù	to bundle; to sheaf	9
334.	数值	（名）	shùzhí	numerical value	3

335.	数轴	（名）	shùzhóu	number axis	3
336.	数字化	（动）	shùzìhuà	to digitalize	10
337.	水膜	（名）	shuǐmó	water film	9
338.	水蒸气	（名）	shuǐzhēngqì	vapor	1
339.	死机	（动）	sǐjī	to freeze; to break down	5
340.	搜索	（动）	sōusuǒ	to search for	5
341.	速率	（名）	sùlǜ	speed ratio	6
342.	酸雨	（名）	suānyǔ	acid rain	7
343.	随（着）…… 而……		suí zhe ……ér ……	along with	13
344.	随着	（介）	suízhe	along with	3
345.	损失	（名）	sǔnshī	loss; expense	10
346.	缩写	（名）	suōxiě	abbreviation	10
347.	所谓	（形,前缀）	suǒwèi	what is called	3

T

348.	塌陷	（动）	tāxiàn	to sink; to cave in	4
349.	瘫痪	（动）	tānhuàn	to be paralyzed	5
350.	弹性	（名）	tánxìng	flexibility; elasticity	12
351.	探测	（动）	tàncè	to probe	15
352.	碳水化合物		tànshuǐhuàhéwù	carbohydrate	11
353.	陶器时代		táoqì shídài	Pottery Age	2
354.	特定	（形）	tèdìng	special	9
355.	提醒	（动）	tíxǐng	to remind	10
356.	体温	（名）	tǐwēn	temperature	14
357.	体型	（名）	tǐxíng	body shape	14
358.	替代	（动）	tìdài	to substitute for; to take the place of	2
359.	田径场	（名）	tiánjìngchǎng	track and field	13
360.	田径赛	（名）	tiánjìngsài	track and field competition	13
361.	铁器时代		tiěqì shídài	Iron Age	2
362.	通过	（介）	tōngguò	by means of; by way of	3
363.	铜器时代		tóngqì shídài	Bronze Age	2
364.	透明	（形）	tòumíng	transparent	12
365.	透气	（形）	tòuqì	permeable	7

366.	图像	（名）	túxiàng	image; picture	13
367.	推测	（动）	tuīcè	to infer; to suppose	2
368.	推荐	（动）	tuījiàn	to recommend	10

W

369.	外界	（名）	wàijiè	outside; environment	14
370.	外切	（动）	wàiqiē	to circumscribe	3
371.	微电子技术		wēidiànzǐ jìshù	microeletronic technology	7
372.	微晶	（名）	wēijīng	micro-crystal	7
373.	微量元素		wēiliàng yuánsù	microelement	6
374.	微生物	（名）	wēishēngwù	bacterium; microbe	1
375.	未来	（名）	wèilái	future	5
376.	未知数	（名）	wèizhīshù	unknown number	3
377.	位置	（名）	wèizhi	seat; place; location	5
378.	温室效应		wēnshì xiàoyìng	green house effects	1
379.	稳定	（形）	wěndìng	stable; steady	1
380.	问世不久		wènshìbùjiǔ	Not long after it came out.	12
381.	污染	（动）	wūrǎn	to pollute	2
382.	无法比拟		wúfǎbǐnǐ	uncomparable	6
383.	无所谓	（动）	wúsuǒwèi	cannot be designated as; cannot be taken as	14
384.	无限	（形）	wúxiàn	infinite; boundless; limitless	3
385.	无缘无故		wúyuán-wúgù	without reasons	5
386.	物质	（名）	wùzhì	substance	1
387.	误差	（名）	wùchā	error	15

X

388.	吸引	（动）	xīyǐn	to allure; to attract	4
389.	下半叶	（名）	xiàbànyè	latter fifty years	7
390.	夏至	（名）	xiàzhì	Summer Solstice	13
391.	纤维	（名）	xiānwéi	fibre	11
392.	显色金属		xiǎnsè jīnshǔ	colorful metal	12
393.	限量	（动）	xiànliàng	to set limit	11
394.	陷	（动）	xiàn	to trap; to get stuck	4
395.	相当于	（动）	xiāngdāngyú	to equal to; to amount	4

396. 相符	（动）	xiāngfú	to match	8
397. 向心力	（名）	xiàngxīnlì	centripetal force	4
398. 象限	（名）	xiàngxiàn	quadrant	13
399. 象征	（动）	xiàngzhēng	to symbolize	11
400. 协调	（名）	xiétiáo	harmony	8
401. 斜	（形）	xié	tilted; inclined	9
402. 谐音	（名）	xiéyīn	homophony	10
403. 新陈代谢		xīnchén-dàixiè	metabolism	1
404. 信奉	（动）	xìnfèng	to embrace; to believe in	12
405. 信号	（名）	xìnhào	signal	15
406. 信息技术		xìnxī jìshù	information technology	2
407. 行驶	（动）	xíngshǐ	(of a vehicle,ship,etc) to go; to travel	14
408. 形成	（动）	xíngchéng	to come into being	1
409. 形象	（名）	xíngxiàng	image	7
410. 性能	（名）	xìngnéng	performance; property	2
411. 性质	（名）	xìngzhì	property; character	2
412. 修复	（动）	xiūfù	to repair; to renovate	11
413. 许可	（动）	xǔkě	to permit; to admit	11
414. 穴位	（名）	xuéwèi	acupoint	9
415. 询价	（动）	xúnjià	to ask the price	5
416. 循环	（动）	xúnhuán	to circle	3

Y

417. 压力	（名）	yālì	pressure	4
418. 压强	（名）	yāqiáng	intensity of pressure	4
419. 沿	（介）	yán	along; to follow	9
420. 演示	（动）	yǎnshì	to demonstrate	10
421. 阳（阴）离子	（名）	yáng（yīn）lízǐ	cation (anion)	6
422. 养分	（名）	yǎngfèn	nutrient	1
423. 遥控	（动）	yáokòng	to control in a remote place	15
424. 要素	（名）	yàosù	essential factor; key point	3
425. 叶绿素	（名）	yèlǜsù	chlorophyll	1
426. 依据	（介）	yījù	according to	10
427. 移动电话		yídòng diànhuà	mobile phone	2
428. 亿万	（数）	yìwàn	millions upon millions	11

429.	意味	（动）	yìwèi	to imply	6
430.	引力	（名）	yǐnlì	gravitation; gravity	4
431.	隐形眼镜		yǐnxíng yǎnjìng	contact lenses	7
432.	应用	（动）	yìngyòng	to apply	7
433.	硬盘	（名）	yìngpán	hard disk	5
434.	用户	（名）	yònghù	user; subscriber; consumer	5
435.	优异	（形）	yōuyì	excellent	12
436.	有毒	（形）	yǒudú	poisonous; venomous	2
437.	有机食品		yǒujī shípǐn	organic food	11
438.	有章可循		yǒuzhāngkěxún	to have rules to follow	10
439.	余数	（名）	yúshù	remainder; arithmetical compliment	8
440.	与	（连）	yǔ	and	3
441.	与……相关		yǔ……xiāngguān	to correlate	9
442.	与日俱增		yǔrì-jùzēng	grow day by day	8
443.	宇宙	（名）	yǔzhòu	universe	1
444.	育种	（动）	yùzhǒng	to breed	11
445.	域名	（名）	yùmíng	domain name	15
446.	愈……愈……		yù……yù……	more ... more ...	8
447.	元素周期表		yuánsù zhōuqībiǎo	periodic table of elements	2
448.	原点	（名）	yuándiǎn	origin	3
449.	原理	（名）	yuánlǐ	maxim; principle; tenet	1
450.	原则	（名）	yuánzé	principle	11
451.	圆周率	（名）	yuánzhōulǜ	circumferential ratio	3
452.	匀称	（名）	yúnchèn	symmetry	8
453.	匀速直线运动		yúnsù zhíxiàn yùndòng	uniform rectilinear motion	14
454.	运算	（动,名）	yùnsuàn	to calculate; operation	3
455.	运营	（动）	yùnyíng	to be in motion and do business	5
456.	运转	（动）	yùnzhuǎn	to circle around	4

Z

457.	暂时	（副）	zànshí	for a while; transitorily; transitory	9
458.	则	（副）	zé	so	8
459.	崭露头角		zhǎnlù-tóujiǎo	to begin to distinguish oneself	12

460. 战绩	（名）	zhànjì	military successes; result of the competition	13
461. 张力	（名）	zhānglì	tensile force	9
462. 折射	（动）	zhéshè	to refract	9
463. 侦察	（动）	zhēnchá	to spy; to scout	12
464. 真空	（名）	zhēnkōng	vacuum	15
465. 振荡	（动）	zhèndàng	to surge; to shock	4
466. 争论	（动）	zhēnglùn	to argue; to dispute	14
467. 蒸发	（动）	zhēngfā	to evaporate	1
468. 拯救	（动）	zhěngjiù	to save	7
469. 正比	（名）	zhèngbǐ	direct ratio	14
470. 正立方体	（名）	zhènglìfāngtǐ	regular cube	14
471. 症状	（名）	zhèngzhuàng	symptom	6
472. 之	（助）	zhī	of	8
473. 执行	（动）	zhíxíng	to carry out; to execute	15
474. 直角	（名）	zhíjiǎo	right angle	13
475. 指标	（名）	zhǐbiāo	target aim; index	15
476. 质量	（名）	zhìliàng	mass	4
477. 治疗	（动）	zhìliáo	to cure; to treat	6
478. 致冷剂	（名）	zhìlěngjì	cryogen	1
479. 智慧	（名）	zhìhuì	intelligence	2
480. 中毒	（动）	zhòngdú	to be poisoned	5
481. 中和	（动）	zhōnghé	to counteract; to neutralize	6
482. 中空	（形）	zhōngkōng	hollow	12
483. 忠实	（形）	zhōngshí	loyal; faithful	15
484. 重力	（名）	zhònglì	gravity	9
485. 周期	（名）	zhōuqī	period; cycle	2
486. 轴	（名）	zhóu	axis	13
487. 属性	（名）	shǔxìng	property	14
488. 注册	（动）	zhùcè	to enroll; to register	11
489. 柱状	（名）	zhùzhuàng	shape of pole; columniation	12
490. 专栏	（名）	zhuānlán	special column	13
491. 转换	（动）	zhuǎnhuàn	to switch; to transform	15
492. 状态	（名）	zhuàngtài	state	14

493.	追求	（动）	zhuīqiú	to pursue; to go in for	12
494.	滋生	（动）	zīshēng	to grow	6
495.	子午线	（名）	zǐwǔxiàn	meridian	8
496.	自动	（副）	zìdòng	automatically	10
497.	自然界	（名）	zìránjiè	nature	1
498.	总和	（名）	zǒnghé	sum	8
499.	族	（名）	zú	species; tribe	2
500.	阻力	（名）	zǔlì	resistance	9
501.	阻止	（动）	zǔzhǐ	to stop; to hinder; to hold back; to prevent	1
502.	组合	（名）	zǔhé	combination	10
503.	遵循	（动）	zūnxún	to follow	11
504.	坐标	（名）	zuòbiāo	coordinate	13

专名表

A

1.	埃及	Āijí	Egypt	8
2.	艾得·德隆	Àidé Délóng	An American microbiologist	1

B

3.	百度	Bǎidù	Baidu	5
4.	宝马	Bǎomǎ	BMW	2
5.	比萨城	Bǐsà Chéng	Pisa	14
6.	比萨斜塔	Bǐsà Xiétǎ	Leaning Tower of Pisa	14

F

7.	丰田	Fēngtián	Toyota	2
8.	富勒	Fùlè	name	8

H

9.	胡夫金字塔	Húfū Jīnzìtǎ	Pyramid of Khufu	8

J

10.	杰克·基尔比	Jiékè Jī'érbǐ	An American engineer	2

11.	京东	Jīngdōng	JD.COM	5

K

12.	克雷默	Kèléimò	name	12

L

13.	罗马	Luómǎ	Rome	14

M

14.	门捷列夫	Ménjiélièfū	A Russian chemist	2

P

15.	蓬莱	Pénglái	name of a place	9

Q

16.	奇迹广场	Qíjì Guǎngchǎng	Piazza dei Miracoli	14
17.	青岛	Qīngdǎo	name of a place	9

T

18.	淘宝	Táobǎo	Taobao	5
19.	天津	Tiānjīn	Tianjin	5
20.	托斯卡纳	Tuōsīkǎnà	Tuscany	14

W

21.	网银	Wǎngyín	Internetbank; E-bank	5
22.	微信	Wēixìn	WeChat	5

Y

23.	雅虎	Yǎhǔ	Yahoo, one of the search engines	10
24.	意大利	Yìdàlì	Italy	14
25.	约翰·赫曲克	Yuēhàn Hèqūkè	name	7

Z

26.	支付宝	Zhīfùbǎo	Alipay	5
27.	周代	zhōudài	Zhou Dynasty	13
28.	祖冲之	Zǔ Chōngzhī	name of a great mathematician in ancient China	3